Ordenanza del Ayuntamiento de Córdoba

Junio, 2025

Curso
MAD360

*La diferencia entre aprobar
y sacar plaza*

Ordenanza

AYUNTAMIENTO DE CÓRDOBA

Si aún no dispones de tu **Curso MAD360**, te ofrecemos un acceso GRATIS de 30 días para que disfrutes de los siguientes recursos:

- Técnicas de Memoria 360.
- MADTEST: Test *online* Nivel PRO.
- Temario en formato digital.
- Vídeos.
- Esquemas.
- Planificación de estudio.
- Foro entre opositores hasta la fecha del examen.*
- Recursos y novedades exclusivas.
- Consúltanos sobre tu oposición y proceso selectivo.
- Actualizaciones legislativas (Boletines Oficiales) hasta 60 días antes de la fecha del examen.*

Para acceder a esta prueba del Curso MAD360** será necesaria la compra de todos los libros para esta especialidad de la edición 2025.

Regístrate en **mad.es/iniciar-sesion** y en la pestaña BIBLIOTECA valida los códigos que encuentras en la última página de tus libros.

NOTA IMPORTANTE:

* Examen de esta categoría profesional correspondiente a la convocatoria publicada en el BOP de Córdoba n.º 99, de 23 de mayo de 2025, o hasta el 31 de julio de 2026, lo que se cumpla antes, y previa renovación del servicio.

** El acceso al CURSO MAD360 estará disponible desde julio de 2025 (algunos recursos podrían estar disponibles en fecha posterior). Tendrá una duración de 30 días RENOVABLES mediante pago, desde la validación de códigos, o hasta el 31 de enero de 2027, lo que se cumpla antes.

MAD se reserva el derecho a ampliar dichas fechas.

Ordenanza del Ayuntamiento de Córdoba

**Test del temario
y supuestos prácticos**

Autores

ANTONIO JESÚS LUCENA DOMÍNGUEZ

Licenciado en Criminología
Experto Universitario en Gestión de Emergencias
Director y Jefe de Seguridad Privada Habilitado para la formación del
Personal de Seguridad Privada
Docente de Personal de Seguridad Privada
Profesor y Tutor Curso de Directores de Seguridad con la Universidad de Córdoba

FRANCISCO JESÚS TORRES FONSECA

Licenciado en Derecho

JOSÉ ANTONIO VEGA ÁLVAREZ

Maestro Industrial

© 7 Editores Recursos para la Cualificación Profesional y el Empleo, S.L. (7 Editores)
© Los autores
Primera edición, junio 2025 (222 páginas)
Derechos de edición reservados a favor de 7 Editores
IMPRESO EN ESPAÑA
Diseño Portada: 7 Editores
Edita: 7 Editores
Avda. San Francisco Javier, 9 · Edificio Sevilla 2 · Planta 11 · Módulos 25-27 · 41018 Sevilla
Teléfono: 954 784 411 · WEB: www.mad.es · e-mail: administracion@7editores.com
ISBN: 978-84-142-9722-3
© "Editorial Mad" y "Eduforma" son nombres comerciales registrados de
7 Editores Recursos para la Cualificación Profesional y el Empleo, S.L.

Índice

TEST GENERALES

TEST ESPECÍFICOS

SUPUESTOS PRÁCTICOS

TEST GENERALES

TEST N.º 1

La Constitución Española de 1978: Estructura y principios básicos. Derechos y deberes fundamentales. Organización territorial del Estado

1. ¿En qué se fundamenta la Constitución Española?

a) En un Estado social y democrático de Derecho.
b) En la indisoluble unidad de la Nación española.
c) En la independencia de los poderes del Estado.
d) En la organización territorial del Estado.

2. Según el artículo 3 de la CE, el castellano es la lengua oficial del Estado y todos los españoles:

a) Tienen el deber de usar y el derecho de conocer el castellano.
b) Tienen el derecho y el deber de conocer el castellano.
c) Tienen el deber de conocer y el derecho de usar el castellano.
d) Tienen el derecho de conocer y usar el castellano.

3. La Constitución Española reconoce y garantiza el derecho a la autonomía:

a) De las nacionalidades que la integran.
b) De las regiones que la integran.
c) De las Comunidades Autónomas que la integran.
d) De las nacionalidades y regiones que la integran.

4. El Preámbulo de la Constitución:

a) Tiene en sí carácter de norma jurídica.
b) Es una declaración de intenciones, destinada a interpretar lo que se quiere alcanzar con el contenido normativo de la Constitución.
c) Se trata de un texto sin fuerza jurídica de obligar.
d) Las respuestas b) y c) son correctas.

5. Señala la respuesta correcta, respecto de la aprobación, ratificación y publicación de la Constitución Española:

a) Aprobada por las Cortes el 31 de octubre de 1978, ratificada por el pueblo en referéndum el 6 de diciembre de 1978 y publicada el 29 de diciembre de 1978.
b) Aprobada por las Cortes el 30 de octubre de 1978, ratificada por el pueblo en referéndum el 16 de diciembre de 1978 y publicada el 27 de diciembre de 1978.
c) Aprobada por las Cortes el 31 de octubre de 1978, ratificada por el pueblo en referéndum el 16 de diciembre de 1978 y publicada el 29 de diciembre de 1978.
d) Aprobada por las Cortes el 10 de octubre de 1978, ratificada por el pueblo en referéndum el 26 de diciembre de 1978 y publicada el 30 de diciembre de 1978.

6. ¿En qué parte de la Carta Magna se establece la exposición de motivos que impulsan la norma constitucional y los objetivos que con ella se pretenden alcanzar?

a) En el Título Preliminar.
b) En el Preámbulo.
c) En el Título I.
d) En el Título II.

7. La Constitución Española fue sancionada por:

a) El Rey.
b) El Presidente del Congreso.
c) Las Cortes Generales.
d) El Presidente del Gobierno.

8. ¿Cuáles de los siguientes españoles de origen pueden ser privados de su nacionalidad?

a) Exclusivamente los miembros de grupos terroristas.
b) Los miembros de grupos terroristas y los que atenten contra el Rey u otro miembro de la Casa Real.
c) Los que atenten contra un miembro de la Familia Real o del Gobierno de la Nación.
d) Ningún español de origen podrá ser privado de su nacionalidad.

9. Según la CE son fundamentos del orden político y la paz social:

a) La dignidad de la persona, los derechos violables que les son inherentes y el respeto a la ley.
b) La dignidad de la persona, el desarrollo limitado de la personalidad y el respeto a la ley.
c) El respeto a la ley, a los reglamentos administrativos y demás disposiciones legales.
d) La dignidad de la persona, los derechos inviolables que le son inherentes, el libre desarrollo de su personalidad, el respeto a la ley y a los derechos de los demás.

10. ¿Cuál de los siguientes es considerado por la CE como uno de los valores superiores del ordenamiento jurídico?

a) La jerarquía normativa.
b) El pluralismo político.
c) La publicidad normativa.
d) La equidad.

11. La forma política del Estado español es:

a) Democracia parlamentaria.
b) Gobierno parlamentario.
c) Monarquía parlamentaria.
d) República democrática.

12. La parte de la CE que regula la estructura de los principales órganos del Estado recibe el nombre de:

a) Parte dogmática.
b) Parte orgánica.
c) Parte estatal.
d) Parte estructural.

13. Según la CE, la soberanía nacional:

a) Corresponde a las Cortes Generales, al estar compuestas por los representantes del pueblo.
b) Corresponde al Rey.
c) Reside en el pueblo español.
d) Corresponde al Gobierno de la Nación elegido directamente por el pueblo.

14. ¿En qué parte de la Carta Magna se señalan los valores superiores del ordenamiento jurídico?

a) En el Preámbulo.
b) En el Título Preliminar.
c) En el Título I.
d) Ninguna respuesta es correcta.

15. ¿Cuál de las siguientes es una de las características de nuestra Constitución de 1978?

a) Consensuada.
b) Corta.
c) Conservadora.
d) Originalidad.

16. Son el fundamento del orden político y de la paz social:

a) El libre desarrollo de la personalidad.
b) Los derechos inviolables que les son inherentes.
c) El respeto a la ley y a los derechos de los demás.
d) Todas las respuestas son correctas.

17. ¿Qué quedará excluido de extradición?

a) Los delitos criminales.
b) Los delitos políticos.
c) Los actos de terrorismo.
d) Ninguno.

18. ¿Qué debe ser democrático, a tenor de lo dispuesto en la Constitución Española, en los sindicatos de trabajadores y las asociaciones empresariales?

a) Su funcionamiento.
b) Su estructura interna.
c) Su funcionamiento y estructura interna.
d) Sus órganos asamblearios.

19. ¿De cuántos Capítulos consta el Título I de la CE de 1978?

a) De tres.
b) De cinco.
c) De dos.
d) De cuatro.

20. El derecho a la propiedad en nuestra Constitución es un Derecho:

a) Inherente a la condición humana.
b) Absoluto.
c) Que está limitado por la función social de la misma.
d) Ninguna de las respuestas anteriores es correcta.

21. Dispone la Carta Magna que todos contribuirán al sostenimiento de los gastos públicos de acuerdo con su capacidad económica mediante un sistema tributario justo inspirado en los principios de:

a) Legalidad y equidad.
b) Igualdad y progresividad.
c) Publicidad y legalidad.
d) Eficacia y sostenibilidad.

22. En virtud del principio de progresividad tributaria:

a) Se implantarán paulatinamente cada vez mayores tributos.
b) Los tipos impositivos serán regresivos.

c) Prima el principio de igualdad en el pago de los tributos.
d) Nada de lo expuesto es cierto.

23. Según la Constitución, el Estado es:

a) Apolítico.
b) Aconfesional.
c) De bienestar social.
d) Federal.

24. El derecho a la vida se consagra en el siguiente artículo de la Constitución:

a) 10.
b) 16.
c) 15.
d) 24.

25. La pena de muerte en España:

a) Ha quedado abolida.
b) Puede aplicarse en cualquier momento.
c) Solo se aplicará, en tiempo de guerra, a los militares.
d) Rige solo en el ámbito civil.

26. La inmediata puesta a disposición judicial derivada del habeas corpus, se produce por:

a) Detención ilegal.
b) Prisión ilegal.
c) Prisión preventiva.
d) Detención preventiva.

27. El proceso en el que se enjuicie a un presunto delincuente debe:

a) Ser sumario.
b) No dilatarse.
c) Entorpecer los instrumentos probatorios.
d) Nada de lo anterior es cierto.

28. La entrada en un domicilio en caso de flagrante delito, sin autorización de su titular:

a) Puede dar lugar a la aplicación del habeas corpus.
b) Requiere autorización previa de la autoridad judicial.
c) Puede efectuarse en todo momento.
d) No puede realizarse en momento alguno.

29. Cuando, al conocerse la comisión de un delito por una persona, se acude a su domicilio para detenerla:

a) Está obligada a franquear la entrada.
b) Se necesitará autorización judicial para entrar, si no da su consentimiento para ello.
c) Pese a que no dé su consentimiento, se puede entrar.
d) Nada de lo anterior es correcto.

30. La autorización previa para celebrar una manifestación pública:

a) La da el Subdelegado del Gobierno en la Provincia.
b) Es ineludible.
c) Sería inconstitucional.
d) Se da cuando no se prevean alteraciones al orden público, con peligro para personas o bienes.

31. El tipo de sufragio que consagra la Constitución es el:

a) Proporcional.
b) Universal.
c) Censitario.
d) Las respuestas a) y b) son correctas.

32. Además de la no autoinculpación, la Constitución prevé que no se está obligado a declarar sobre un hecho presuntamente delictivo en caso de:

a) Parentesco y afinidad.
b) Cláusula de conciencia.
c) Secreto profesional.
d) Las respuestas a) y b) son correctas.

33. Los Tribunales de Honor están prohibidos respecto de los/la/las:

a) Sindicatos y Organizaciones Profesionales.
b) Administración Civil y Militar.
c) Organizaciones Profesionales y la Administración Civil.
d) Todas las respuestas anteriores son correctas.

34. El secreto profesional, constitucionalmente, sirve para:

a) Ejercer con libertad una profesión titulada.
b) La libertad de creación científica y técnica.
c) No declarar sobre hechos presuntamente delictivos.
d) Todo lo anterior.

35. La fundación de una Internacional Sindical por un sindicato español:

a) Es libre.
b) Está prohibida.
c) Debe plasmarse en un Tratado Internacional.
d) Nada de lo anterior es cierto.

36. El ejercicio del derecho de petición a través de una manifestación ciudadana:

a) No se admite.
b) Se admite en algún caso.
c) Se admite, salvo para los militares.
d) Ni se admite ni se prohíbe.

37. Nuestro sistema tributario ha de ser:

a) Regresivo e igualitario.
b) Progresivo y generalizado.
c) Confiscatorio.
d) Justo y regresivo.

38. Las Fundaciones son:

a) Entidades constituidas para fines de interés general.
b) Administración Corporativa.
c) Entidades privadas con fines de carácter también privado.
d) Asociaciones de personas para conseguir fines de interés general.

39. La asistencia de todo orden a los hijos habidos extraconyugalmente:

a) No está prevista en la Constitución.
b) Es un deber de los padres.
c) Se dispensará por Instituciones de Beneficencia.
d) Se dispensa solo a los que de ellos tengan discapacidad.

40. La especulación urbanística, según la Constitución:

a) Debe evitarse.
b) Está permitida.
c) Genera plusvalías para la colectividad.
d) Pueden hacerla los poderes públicos.

41. No es susceptible de recurso de amparo el derecho a la/de:

a) Sindicación.
b) Investigación científica.

c) Secreto de las comunicaciones.
d) Lo son todos ellos.

42. No es susceptible de recurso de amparo el derecho de:

a) Libertad de cátedra.
b) Negociación colectiva.
c) Manifestación.
d) Huelga.

43. Es susceptible de recurso de amparo el derecho a la/de:

a) Libre sindicación.
b) Petición.
c) Cláusula de conciencia.
d) Lo están todos ellos.

44. Una vez declarado el estado de excepción no se puede suspender el derecho/ libertad de:

a) Huelga.
b) Enseñanza.
c) Adopción de medidas de conflicto colectivo.
d) Libertad de circulación.

45. Durante el estado de excepción, un detenido conserva el derecho de/a:

a) Setenta y dos horas para ser puesto a disposición judicial.
b) Secreto de comunicaciones.
c) Asistencia de Letrado.
d) Ninguno de ellos.

46. Se puede suspender, con motivo de investigaciones relativas a bandas armadas, el derecho de:

a) Huelga.
b) Inviolabilidad del domicilio.
c) Libertad de circulación.
d) Las respuestas b) y c) son correctas.

47. Nuestra Constitución trata de los derechos y deberes fundamentales de los españoles en su Título I, denominado:

a) De los derechos y deberes fundamentales.
b) De los deberes de los españoles.

c) De los derechos de los españoles.

d) De los derechos y deberes principales de los españoles.

48. ¿En qué artículos de nuestra CE se recogen los derechos fundamentales y de las libertades públicas?

a) En los artículos 10 a 43.

b) En los artículos 25 a 38.

c) En los artículos 31 a 45.

d) En los artículos 15 a 29.

49. Según la Constitución, las Entidades que forman parte de la organización territorial del Estado tienen la nota común de:

a) Autogobierno.

b) Independencia.

c) Autonomía.

d) Financiación propia.

50. La titularidad de la soberanía española radica en el/las:

a) Cortes Generales como representantes del pueblo español.

b) Rey como Jefe del Estado.

c) Pueblo mismo.

d) Nacionalidades y regiones que integran España.

51. No pueden constituirse en Comunidades Autónomas los territorios:

a) Que no estén integrados en la organización provincial.

b) Que, no siendo superiores a una Provincia, tengan entidad regional histórica.

c) Que, no siendo superiores a una Provincia, no tengan entidad regional histórica.

d) Interinsulares.

52. La vía ordinaria de acceso a la autonomía por el artículo 143 de la Constitución se sigue por los/las:

a) Provincias con entidad regional histórica.

b) Territorios que en el pasado hubieren plebiscitado afirmativamente proyecto de Estatuto de Autonomía.

c) Provincia sin entidad regional histórica directamente.

d) Supuestos especiales de Ceuta, Melilla y Gibraltar.

53. Entre las determinaciones de los Estatutos de Autonomía no es necesario incluir la:

a) Delimitación de su territorio.

b) Denominación de las instituciones autónomas propias.

c) Denominación de la Comunidad.

d) Denominación, organización y sede de sus instituciones administrativas.

54. En las Comunidades Autónomas que siguen la vía común, el Proyecto de Estatuto será elaborado por la/los:

a) Asamblea de Parlamentarios que se constituye al efecto.

b) Comisión Constitucional del Congreso de los Diputados.

c) Diputación Provincial correspondiente.

d) Miembros de la Diputación u órgano interinsular y por los Diputados y Senadores elegidos por ellas.

55. El voto de ratificación por los Plenos del Senado y del Congreso de los Diputados se dará en el/las:

a) Comunidades Autónomas que siguen la vía común.

b) Comunidades Autónomas que siguen la vía especial.

c) Acceso a la autonomía de Ceuta y Melilla.

d) Acceso a la autonomía de Gibraltar.

56. La responsabilidad política del Presidente de una Comunidad Autónoma se exige por el/la:

a) Sala de lo Penal del Tribunal Supremo.

b) Congreso de los Diputados.

c) Tribunal Superior de Justicia de la Comunidad Autónoma.

d) Asamblea Legislativa de la Comunidad Autónoma.

57. La Asamblea Legislativa de las Comunidades Autónomas se elige:

a) Con criterios de representación territorial.

b) Con criterios de representación proporcional.

c) Por sufragio individual.

d) Con criterios de representación provincial.

58. Con el fin de corregir los desequilibrios económicos interterritoriales y hacer efectivo el principio de solidaridad, se constituye:

a) El Fondo de Compensación Interterritorial.

b) El Comité Económico Interterritorial.

c) El Consejo de Política Fiscal y Financiera.

d) El FASI.

59. Los Estatutos de Autonomía deberán contener el/la/las:

a) Competencias que se dejan al Estado y las que asume la Comunidad.

b) Competencias que, en función de la Constitución, asume cada Comunidad Autónoma.

c) Desarrollo de la Administración Autonómica.
d) División provincial y órganos de gobierno.

60. En la reforma de los Estatutos intervienen las Cortes Generales:

a) Siempre.
b) Nunca.
c) Solo cuanto se trata de Comunidades Autónomas que accedieron por la vía común.
d) En las Comunidades Autónomas de vía especial exclusivamente.

61. Los miembros de las Diputaciones u órganos interinsulares intervienen en la elaboración de los Estatutos de Autonomía:

a) En todo caso.
b) Nunca.
c) En las Comunidades Autónomas de vía común.
d) En las Comunidades Autónomas de vía especial.

62. Los Estatutos de Autonomía en la vía común se aprueban por el:

a) Congreso de los Diputados mediante ley orgánica.
b) Congreso de los Diputados y Senado por ley orgánica.
c) Congreso de los Diputados y Senado por ley ordinaria.
d) Parlamento Autonómico solamente.

63. La más alta representación de una Comunidad Autónoma la ostenta el:

a) Presidente del Parlamento Autonómico.
b) Presidente de la Comunidad Autónoma.
c) Rey.
d) Presidente del Gobierno de la Nación.

64. La asunción de competencias y de mayor autonomía por las Comunidades Autónomas es, como regla general:

a) Regresiva.
b) Progresiva.
c) Automática.
d) Inmediata.

65. En la elaboración por la vía común de los Estatutos de Autonomía:

a) No intervienen los Municipios afectados.
b) Intervendrán en todo caso.
c) Solo intervienen las Diputaciones Provinciales u órganos interinsulares.
d) Solo intervienen los Municipios y los Diputados y Senadores.

66. El principio de solidaridad consagrado por el artículo 138 de la Constitución exige una atención especial a:

a) Las Comunidades Autónomas de economía más deprimida.
b) Las Entidades de ámbito territorial inferior al municipal.
c) Todas las partes del territorio nacional.
d) Las Islas.

67. La federación de Comunidades Autónomas, según la Constitución:

a) Solo se permite respecto de las limítrofes.
b) Requiere Ley Orgánica de las Cortes Generales.
c) Ha de efectuarse previa reforma de la propia Constitución.
d) Está absolutamente prohibida.

Solución al test n.º 1

1. b) En la indisoluble unidad de la Nación española.

2. c) Tienen el deber de conocer y el derecho de usar el castellano.

3. d) De las nacionalidades y regiones que la integran.

4. d) Las respuestas b) y c) son correctas.

5. a) Aprobada por las Cortes el 31 de octubre de 1978, ratificada por el pueblo en referéndum el 6 de diciembre de 1978 y publicada el 29 de diciembre de 1978.

6. b) En el Preámbulo.

7. a) El Rey.

8. d) Ningún español de origen podrá ser privado de su nacionalidad.

9. d) La dignidad de la persona, los derechos inviolables que le son inherentes, el libre desarrollo de su personalidad, el respeto a la ley y a los derechos de los demás.

10. b) El pluralismo político.

11. c) Monarquía parlamentaria.

12. b) Parte orgánica.

13. c) Reside en el pueblo español.

14. b) En el Título Preliminar.

15. a) Consensuada.

16. d) Todas las respuestas son correctas.

17. b) Los delitos políticos.

18. c) Su funcionamiento y estructura interna.

19. b) De cinco.

20. c) Que está limitado por la función social de la misma.

21. b) Igualdad y progresividad.

22. d) Nada de lo expuesto es cierto.

23. b) Aconfesional.

24. c) 15.

25. a) Ha quedado abolida.

26. a) Detención ilegal.

27. b) No dilatarse.

28. c) Puede efectuarse en todo momento.

29. b) Se necesitará autorización judicial para entrar, si no da su consentimiento para ello.

30. c) Sería inconstitucional.

31. b) Universal.

32. c) Secreto profesional.

33. c) Organizaciones Profesionales y la Administración Civil.

34. c) No declarar sobre hechos presuntamente delictivos.

35. a) Es libre.

36. a) No se admite.

37. b) Progresivo y generalizado.

38. a) Entidades constituidas para fines de interés general.

39. b) Es un deber de los padres.

40. a) Debe evitarse.

41. b) Investigación científica.

42. b) Negociación colectiva.

43. d) Lo están todos ellos.

44. b) Enseñanza.

45. c) Asistencia de Letrado.

46. b) Inviolabilidad del domicilio.

47. a) De los derechos y deberes fundamentales.

48. d) En los artículos 15 a 29.

49. c) Autonomía.

50. c) Pueblo mismo.

51. d) Interinsulares.

52. a) Provincias con entidad regional histórica.

53. d) Denominación, organización y sede de sus instituciones administrativas.

54. d) Miembros de la Diputación u órgano interinsular y por los Diputados y Senadores elegidos por ellas.

55. b) Comunidades Autónomas que siguen la vía especial.

56. d) Asamblea Legislativa de la Comunidad Autónoma.

57. b) Con criterios de representación proporcional.

58. a) El Fondo de Compensación Interterritorial.

59. b) Competencias que, en función de la Constitución, asume cada Comunidad Autónoma.

60. a) Siempre.

61. c) En las Comunidades Autónomas de vía común.

62. b) Congreso de los Diputados y Senado por ley orgánica.

63. b) Presidente de la Comunidad Autónoma.

64. b) Progresiva.

65. a) No intervienen los Municipios afectados.

66. d) Las Islas.

67. d) Está absolutamente prohibida.

TEST N.º 2

La Administración Local: Regulación y principios constitucionales. El Municipio: elementos y competencias. Organización de los municipios de gran población. El personal al servicio de la Administración Local

1. El artículo 137 de la Constitución Española dispone:

a) El Estado se organiza territorialmente en Municipios, en Provincias y en las Comunidades Autónomas que se constituyan.
b) El Estado se organiza territorialmente en Municipios, en Provincias e Islas.
c) El Estado se organiza territorialmente en Municipios, en Provincias y en Comarcas.
d) El Estado se organiza territorialmente en Municipios, en Provincias y en Concejos.

2. De acuerdo con el artículo 141 de la Constitución Española:

a) El gobierno y la administración autónoma de las provincias estarán encomendados a las Diputaciones u otras Corporaciones de carácter representativo.
b) El gobierno y la administración autónoma de las provincias estarán encomendados al Pleno de la Diputación Provincial.
c) El gobierno y la administración autónoma de las provincias estarán encomendados a la Junta de Gobierno de la Diputación Provincial.
d) El gobierno y la administración autónoma de las Provincias estarán encomendados a las Corporaciones de carácter representativo.

3. Uno de los principios fundamentales en relación con el Régimen Local que recoge la Constitución Española es:

a) La autonomía de las Corporaciones Locales en la gestión de sus intereses.
b) El carácter democrático y representativo de sus órganos de gobierno.
c) La suficiencia de las Haciendas Locales.
d) Todas las respuestas anteriores son correctas.

4. ¿Es posible crear agrupaciones de Municipios diferentes de la Provincia?

a) No.
b) En algunos casos.

c) Solo si lo decide el Presidente del Gobierno.
d) Sí.

5. De conformidad con el artículo 140 de la Constitución Española, los concejales serán elegidos por sufragio:

a) Universal por parte de los ciudadanos del municipio.
b) Universal, igual, libre, e indirecto.
c) Universal, igual, libre, directo y secreto.
d) Universal, igual, libre, directo y secreto, en la forma establecida en la ley.

6. Según el artículo 103.1 de la Constitución Española, la Administración Pública sirve con objetividad los intereses generales y actúa de acuerdo con los principios de:

a) Eficacia, jerarquía, descentralización, desconcentración y suficiencia financiera.
b) Descentralización, desconcentración, altruismo y eficacia.
c) Eficacia, jerarquía, descentralización, desconcentración y coordinación.
d) Eficacia, jerarquía, descentralización, desconcentración y gratuidad.

7. El Texto Refundido de la Ley Reguladora de las Haciendas Locales fue aprobado por:

a) Real Decreto Legislativo 2/2014, de 5 de marzo.
b) Real Decreto Legislativo 2/1994, de 5 de marzo.
c) Real Decreto Legislativo 2/2004, de 5 de marzo.
d) Real Decreto Legislativo 2/2004, de 5 de abril.

8. Las elecciones locales se encuentran reguladas en:

a) El Reglamento de Servicios de las Corporaciones Locales, de 17 de junio de 1955.
b) El Texto Refundido de la Ley Reguladora de las Haciendas Locales.
c) La Ley Orgánica 5/1985, de 19 de junio, del Régimen Electoral General.
d) La Ley Orgánica Electoral de 2 de abril de 1986.

9. Entre las potestades y prerrogativas que tienen los municipios se encuentran:

a) La tributaria y financiera.
b) De revisión de oficio de sus actos y acuerdos.
c) Expropiatoria.
d) Todas las respuestas son correctas.

10. Los elementos del Municipio son:

a) El territorio, la población y la financiación.
b) El territorio, las instituciones y la organización.
c) La organización, la autonomía y el territorio.
d) La población, la organización y el territorio.

11. Según el Reglamento de Población y Demarcación Territorial de las Entidades Locales el término municipal es:

a) El territorio en que el Ayuntamiento ejerce su jurisdicción.
b) El territorio en que el Ayuntamiento ejerce sus competencias.
c) El territorio en que el Ayuntamiento ejerce su política.
d) Las respuestas b) y c) son correctas.

12. De acuerdo con lo dispuesto en la Ley de Bases de Régimen Local:

a) La creación de nuevos municipios solo podrá realizarse sobre la base de núcleos de población territorialmente diferenciados, de al menos 25.000 habitantes.
b) La creación de nuevos municipios solo podrá realizarse sobre la base de núcleos de población territorialmente diferenciados, de al menos 4.000 habitantes.
c) La creación de nuevos municipios solo podrá realizarse sobre la base de núcleos de población territorialmente diferenciados, de al menos 3.000 habitantes.
d) La creación de nuevos municipios solo podrá realizarse sobre la base de núcleos de población territorialmente diferenciados, de al menos 250.000 habitantes.

13. ¿La alteración de términos municipales podrá suponer la modificación de los límites provinciales?

a) Solo en casos excepcionales.
b) En ningún caso.
c) Cuando concurran los requisitos establecidos en la ley.
d) Sí.

14. En los casos de fusión de municipios:

a) El nuevo municipio se subrogará en todos los derechos y obligaciones de los anteriores municipios.
b) El nuevo municipio resultante de la fusión no podrá segregarse hasta transcurridos cien años.
c) El órgano del gobierno del nuevo municipio resultante estará constituido transitoriamente por la suma de los concejales de los municipios fusionados.
d) Las respuestas a) y c) son correctas.

15. Son derechos y deberes de los vecinos:

a) Contribuir mediante la aportación de sus bienes inmuebles a la realización de las competencias municipales.
b) Exigir la prestación y, en su caso, el establecimiento del correspondiente servicio público, en el supuesto de constituir una competencia municipal propia aunque no sea de carácter obligatorio.
c) Acceder a los aprovechamientos comunales.
d) Ejercer la iniciativa individual en los términos previstos en el art. 70 bis de la Ley de Bases de Régimen Local.

16. La inscripción de los extranjeros en el Padrón municipal:

a) Constituirá prueba de su residencia legal en España.
b) Iniciará el expediente de adquisición de la nacionalidad española.
c) No les atribuirá ningún derecho que no les confiera la legislación vigente.
d) Permitirá obtener un permiso de trabajo.

17. El padrón municipal es:

a) La base de datos donde constan los nombres de los vecinos.
b) El registro administrativo donde solo constan los domicilios de los vecinos.
c) El registro administrativo donde constan los vecinos de un municipio.
d) El registro administrativo donde solo constan los domicilios de los extranjeros del municipio.

18. La inscripción en el Padrón municipal contendrá como obligatorios los siguientes datos:

a) Las matrículas de los vehículos de los vecinos.
b) El número de identificación de los aparatos tecnológicos existentes en cada casa.
c) Los ascendientes que habitan en cada casa.
d) Ninguna de las respuestas es correcta.

19. Quien viva en varios Municipios:

a) Deberá inscribirse únicamente en el Padrón municipal del municipio en el que habite durante más tiempo al año.
b) Deberá inscribirse únicamente en el Padrón municipal del municipio en el que tenga su lugar de trabajo.
c) Deberá inscribirse únicamente en el Padrón municipal del municipio en el que haya nacido.
d) Deberá inscribirse en el Padrón municipal de todos los municipios.

20. ¿Existe Padrón de españoles residentes en el extranjero?

a) Sí.
b) No.
c) Sí, y su formación se realizará por la Administración General del Estado.
d) Solo para aquellos que se encuentren en la Unión Europea.

21. Funcionan en régimen de Concejo Abierto:

a) Los municipios de menos de 200 habitantes.
b) Los municipios de menos de 300 habitantes.
c) Los municipios de menos de 500 habitantes.
d) Los municipios que tradicional y voluntariamente cuenten con ese singular régimen de gobierno y administración.

22. La organización municipal responde a las siguientes reglas:

a) El Alcalde, los Tenientes de Alcalde y el Pleno existen en todos los Ayuntamientos.
b) El Alcalde, la Junta de Gobierno y el Pleno existen en todos los Ayuntamientos.
c) El Alcalde y el Pleno existen en todos los Ayuntamientos.
d) El Alcalde y la Junta de Gobierno existen en todos los Ayuntamientos.

23. La Comisión Especial de Cuentas:

a) Existe en todos los municipios.
b) Existe en los municipios en que así se acuerde.
c) Existe en los municipios de más de 1000 habitantes.
d) Ninguna de las respuestas es correcta.

24. De acuerdo con la Ley Orgánica de Régimen Electoral será proclamado alcalde electo:

a) El Concejal que haya obtenido la mayoría simple de los votos de los concejales.
b) El Concejal que encabece la lista que haya obtenido mayor número de votos populares.
c) El Concejal que haya obtenido la mayoría absoluta de los votos de los concejales.
d) El Concejal que haya ganado el sorteo.

25. Los alcaldes tendrán tratamiento de:

a) Ilustrísima en los municipios de Madrid y Barcelona.
b) Excelencia en los municipios que sean capitales de provincia.
c) Señoría en los municipios que no sean capitales de provincia ni las ciudades de Madrid y Barcelona.
d) Ilustrísima en todos los municipios.

26. La cuestión de confianza a la que podrá ser sometido el Alcalde se puede vincular a:

a) La aprobación o modificación de los Presupuestos anuales.
b) La aprobación o modificación del Reglamento Orgánico.
c) La aprobación o modificación de las Ordenanzas Fiscales.
d) Todas las respuestas son verdaderas.

27. No es una atribución del Alcalde:

a) Aprobar la oferta de empleo público.
b) La aprobación del reglamento orgánico y de las ordenanzas.
c) Dictar Bandos.
d) Ejercer la jefatura de la Policía Municipal.

28. Es una atribución del Pleno del Ayuntamiento:

a) La alteración de la calificación jurídica de los bienes de dominio público.
b) La aprobación inicial de las leyes.
c) Desempeñar la jefatura superior de todo el personal.
d) Ordenar la publicación, ejecución y hacer cumplir los acuerdos del Ayuntamiento.

29. La Junta de Gobierno Local se integra por el Alcalde y un número de Concejales:

a) No superior al tercio del número legal de los mismos.
b) No superior a la mitad del número legal de los mismos.
c) No superior a dos tercios del número legal de los mismos.
d) Ninguna de las respuestas es correcta.

30. El régimen peculiar para los Municipios de gran población será aplicable:

a) A los municipios que sean capitales autonómicas.
b) A los municipios cuya población supere los 50.000 habitantes.
c) A los municipios cuya población supere los 150.000 habitantes.
d) Las respuestas a) y b) son correctas.

31. En los municipios de gran población corresponde a la Junta de Gobierno:

a) La aprobación y modificación de las ordenanzas y reglamentos municipales.
b) La aprobación del proyecto de presupuesto.
c) Los acuerdos relativos a la participación en organizaciones supramunicipales.
d) Dictar bandos, decretos e instrucciones.

32. En los municipios de gran población tendrán la consideración de órganos directivos:

a) El Alcalde.
b) El titular de la asesoría jurídica.
c) Los miembros de la Junta de Gobierno Local.
d) Las respuestas a) y c) son correctas.

33. En los municipios de gran población para la defensa de los derechos de los vecinos ante la Administración municipal el Pleno creará:

a) Un órgano de gestión económico-financiera.
b) Una Comisión especial de Sugerencias y Reclamaciones.
c) Un órgano para la resolución de las reclamaciones económico-administrativas.
d) Un órgano de gestión tributaria.

34. En los municipios de gran población el dictamen sobre los proyectos de ordenanzas fiscales corresponderá a:

a) Un órgano de gestión económico-financiera.
b) Una Comisión especial de Sugerencias y Reclamaciones.

c) Un órgano para la resolución de las reclamaciones económico-administrativas.
d) Un órgano de gestión tributaria.

35. El Municipio no ejercerá como competencia propia:

a) Tráfico, estacionamiento de vehículos y movilidad.
b) Abastecimiento de agua potable a domicilio.
c) Administración de Justicia.
d) Cementerios y actividades funerarias.

36. El servicio de transporte colectivo urbano de viajeros deberá prestarse en todo caso:

a) En los Municipios con población superior a 5.000 habitantes.
b) En todos los Municipios.
c) En los Municipios con población superior a 50.000 habitantes.
d) En los Municipios con población superior a 20.000 habitantes.

37. El servicio de prevención y extinción de incendios deberá prestarse en todo caso:

a) En los Municipios con población superior a 50.000 habitantes.
b) En los Municipios con población superior a 5.000 habitantes.
c) En los Municipios con población superior a 20.000 habitantes.
d) En todos los Municipios.

38. El servicio de recogida de residuos deberá prestarse en todo caso:

a) En los Municipios con población superior a 20.000 habitantes.
b) En los Municipios con población superior a 5.000 habitantes.
c) En todos los Municipios.
d) En los Municipios con población superior a 50.000 habitantes.

39. La personalidad jurídica de los Municipios, según la Constitución Española, es:

a) Propia.
b) Plena.
c) Reconocida por el Ente que los crea.
d) Dependiente de su autonomía.

40. Según nuestra Constitución, los Concejales no son elegidos por sufragio:

a) Universal.
b) Igual.
c) Paritario.
d) Libre.

41. La pertenencia de un Municipio a dos Provincias:

a) Se admite excepcionalmente.
b) Ha de estar prevista en norma con rango de ley.
c) Está prohibida en nuestro ordenamiento jurídico.
d) Las respuestas a) y b) son ciertas.

42. La división del término municipal en distritos, barrios, etc., es competencia del/de la:

a) Instituto Geográfico Nacional.
b) Diputación Provincial.
c) Ayuntamiento respectivo.
d) Comunidad Autónoma.

43. Para ser vecino de un Municipio:

a) Hay que estar empadronado como tal en él.
b) Basta con la residencia habitual en el mismo.
c) No es necesario ser mayor de edad.
d) Debe saberse leer y escribir.

44. No es posible la consulta popular en la siguiente materia:

a) Sobre competencias municipales.
b) Hacienda Local.
c) Servicios municipales.
d) Es factible en todas ellas.

45. En el ámbito local el único órgano que puede someter a consulta popular un asunto es el:

a) Presidente de la Diputación Provincial.
b) Alcalde.
c) Gobierno de la Nación.
d) Pleno de cada Entidad Local.

46. En el Padrón no debe constar respecto de un vecino su:

a) Sexo.
b) Domicilio habitual.
c) Lugar de nacimiento.
d) Debe figurar todo lo anterior.

47. El Consejo de Empadronamiento está adscrito al/a la:

a) Presidencia del Gobierno de la Nación.
b) Ministerio del Interior.

c) Ministerio de Economía, Comercio y Empresa
d) Ministerio de la Presidencia, Justicia y Relaciones con las Cortes.

48. La confección del Padrón de españoles residentes en el extranjero es competencia del/de la:

a) Ayuntamiento de su último domicilio en España.
b) Comunidad Autónoma donde hubieren nacido.
c) Administración General del Estado.
d) Embajada o Consulado español en el país en que residan.

49. Las directrices e instrucciones técnicas para la formación, mantenimiento y rectificación del Padrón corresponde emanarlas al/a la:

a) Propio Ayuntamiento Pleno.
b) Administración General del Estado.
c) Comunidad Autónoma.
d) Alcalde.

50. La organización municipal complementaria que establezca una Comunidad Autónoma con carácter general, respecto a los Municipios de la misma:

a) Se aplica preferentemente a la establecida con tal carácter por el Estado.
b) Se aplica preferentemente a la establecida por el Reglamento Orgánico de cada Municipio.
c) Se aplica después de la del Estado y la del Reglamento Orgánico.
d) Las respuestas a) y b) son ciertas.

51. La elección de un Alcalde, tras unas elecciones locales, se efectúa:

a) Directamente en las elecciones locales.
b) En sesión extraordinaria al efecto.
c) En la sesión constitutiva de la Corporación.
d) Por los vecinos exclusivamente.

52. La destitución del Presidente de una Corporación Local se efectúa a través de la:

a) Renuncia.
b) Cuestión de confianza.
c) Moción de censura.
d) Las respuestas b) y c) son ciertas.

53. ¿Se puede presentar más de una moción de censura contra el mismo Presidente de una Entidad Local?

a) Sí, cuando prospere una de ellas.
b) Solo en distintos períodos de sesiones.

c) Depende del Reglamento Orgánico de la Entidad.

d) Nada de lo expuesto es cierto.

54. En una moción de censura contra un Presidente de una Entidad Local, puede ser candidato:

a) Los cabezas de lista.

b) Los portavoces de los Grupos Políticos.

c) Cualquier Concejal cuya aceptación expresa conste en el escrito de proposición de la moción.

d) Ninguno de los anteriores.

55. En el caso de que la cuestión de confianza planteada por un Alcalde no obtuviera el número necesario de votos favorables para la aprobación del acuerdo:

a) Quedan cesados todos sus miembros.

b) El Alcalde cesará automáticamente, quedando en funciones hasta la toma de posesión de quien hubiere de sucederle en el cargo.

c) Se nombra como tal al primer Teniente de Alcalde.

d) Se hace una nueva sesión constitutiva, tras la celebración de elecciones.

56. La convocatoria de consultas populares debe autorizarla el/la:

a) Gobierno de la Nación.

b) Presidente de la Corporación.

c) Comunidad Autónoma.

d) Ninguno de ellos.

57. La denominada competencia residual, en virtud de la cual se le atribuyen aquellas competencias que no estén expresamente asignadas a otro órgano, la tiene en un Ayuntamiento el/la/las:

a) Pleno.

b) Comisiones Informativas.

c) Presidente.

d) Junta de Gobierno Local.

58. Las cuestiones que se susciten entre Municipios sobre deslinde de sus términos municipales serán resueltas por:

a) La correspondiente Comunidad Autónoma.

b) El Gobierno de España.

c) Las Diputaciones Provinciales.

d) El Consejo de Estado.

59. El voto de calidad del Presidente de una Corporación Local:

a) Inclina la votación al sector en el que él haya votado, en caso de empate producido en la reunión de un órgano colegiado.
b) Da fe del resultado de la votación.
c) Significa que es muy importante quien emite el voto.
d) Provoca la irrecurribilidad del acuerdo adoptado.

60. La aprobación del proyecto de presupuesto en un Municipio de gran población es competencia del/de la:

a) Presidente.
b) Junta de Gobierno Local.
c) Pleno.
d) Comunidad Autónoma.

61. La delegación de competencias de un Alcalde:

a) Se efectúa por acuerdo de Pleno.
b) Se reviste formalmente en forma de Decreto de dicho Pleno.
c) Se puede dar en todo tipo de materias.
d) Nada de lo anterior es correcto.

62. Los nombramientos de funcionarios en los Ayuntamientos de Municipios de régimen común corresponden al/a la:

a) Pleno.
b) Junta de Gobierno Local.
c) Presidente.
d) Delegado de Personal.

63. La aprobación de las formas de gestión de los servicios públicos en los Ayuntamientos de Municipios de régimen común corresponde genuinamente al/a la:

a) Pleno.
b) Presidente.
c) Junta de Gobierno Local.
d) Comunidad Autónoma respectiva.

64. En un Municipio de 7.000 habitantes, ¿cuántos Concejales habrá de elegirse para su Ayuntamiento?

a) Siete.
b) Diez.
c) Trece.
d) Quince.

65. La representación del Ayuntamiento compete al/a la/a los:

a) Alcalde.
b) Pleno.
c) Junta de Gobierno Local.
d) Tenientes de Alcalde en su ámbito competencial respectivo.

66. La Relación de Puestos de un Ayuntamiento de un Municipio de gran población la aprueba el/la:

a) Junta de Personal.
b) Pleno.
c) Alcalde.
d) Junta de Gobierno Local.

67. Conceder gratificaciones al personal en Ayuntamientos de Municipios de régimen común es competencia del/de la:

a) Pleno.
b) Presidente.
c) Junta de Gobierno Local.
d) Junta de Personal.

68. El ejercicio normal de acciones judiciales compete en un Municipio de gran población al/a la/a los:

a) Presidente.
b) Pleno.
c) Junta de Gobierno Local.
d) Anteriores, en las materias de sus respectivas competencias.

69. Señala cuál de los siguientes puede ser una forma de organización desconcentrada del Municipio, para la administración de núcleos de población separados, sin personalidad jurídica:

a) Parroquia.
b) Pedanía.
c) Aldea.
d) Todos los anteriores pueden serlo.

70. La Junta de Gobierno Local de un Ayuntamiento de Municipio de régimen común tiene, además del Presidente, los siguientes miembros como máximo:

a) Diez.
b) Depende del número de habitantes.

c) Dos tercios del de la Corporación.
d) Un tercio de estos.

71. Los Concejales-Delegados se nombran por el/la:

a) Presidente.
b) Pleno.
c) Grupo Político.
d) Junta de Gobierno Local.

72. Cuando un Teniente de Alcalde sustituye al Alcalde en una sesión, en la deliberación y votación de un asunto en el que el sustituido debe abstenerse:

a) Tiene un doble voto.
b) Preside circunstancialmente la misma.
c) No puede votar.
d) No puede hacerlo.

73. El Pleno, respecto del nombramiento de los Tenientes de Alcalde:

a) Es oído previamente.
b) Toma conocimiento.
c) Lo aprueba.
d) No tiene nada que hacer.

74. El régimen retributivo de los órganos directivos municipales en un Municipio de gran población se establece por el/la:

a) Concejal-Delegado de Personal.
b) Alcalde.
c) Pleno.
d) Junta de Gobierno Local.

75. Los representantes personales en poblados y barriadas se dan solo en:

a) Los Municipios.
b) Las Provincias.
c) Las Islas menores.
d) Todas las respuestas son correctas.

76. La Comisión Especial de Cuentas es un órgano:

a) Necesario.
b) Complementario y, por lo tanto, facultativo.
c) Voluntario.
d) Decisorio.

77. Las Juntas Municipales de Distrito son creadas por el/la/los:

a) Comunidad Autónoma de que se trate.
b) Consejos Sectoriales.
c) Pleno del Ayuntamiento de que dependan.
d) Alcalde, a quien corresponde el nombramiento de sus integrantes.

78. Los grupos políticos de una Entidad Local deben estar representados forzosamente en la/los:

a) Comisión Especial de Cuentas.
b) Órganos desconcentrados.
c) Consejos Sectoriales.
d) Todas las respuestas son correctas.

79. Tiene carácter transitorio en el mandato de una Corporación Local el/la/las:

a) Comisiones Informativas Especiales.
b) Comisión Especial de Cuentas.
c) Pleno.
d) Comisiones Informativas en general.

80. El órgano complementario que se constituye con y sin miembros de la Corporación para tratar colegiadamente asuntos que afectan a materias concretas de la actividad y competencia de un Municipio se llama:

a) Comisión Informativa.
b) Consejo Sectorial.
c) Junta Municipal de Distrito.
d) Comisión Especial de Cuentas.

81. Los Consejos Sectoriales se presiden por el:

a) Presidente de la Corporación.
b) Miembro de esta que designe el Pleno.
c) Miembro de esta que designe el Presidente.
d) Elegido por y entre sus miembros.

82. Para ser representante personal del Alcalde en una barriada se requiere:

a) Elección por el Pleno.
b) Ser elegido en las elecciones locales por esa circunscripción.
c) Pertenecer al grupo de gobierno municipal.
d) Vivir en ella.

83. La protección civil es servicio mínimo a prestar por los Municipios de más de:

a) 5.000 habitantes.
b) 20.000 habitantes.
c) 50.000 habitantes.
d) Las respuestas b) y c) son ciertas.

84. No es servicio mínimo de un Ayuntamiento de menos de 5.000 habitantes el de:

a) Acceso a los núcleos de población.
b) Alumbrado público.
c) Transporte colectivo urbano de viajeros.
d) Recogida de residuos.

85. Es servicio mínimo de un Ayuntamiento de menos de 5.000 habitantes el de:

a) Servicios funerarios.
b) Medio ambiente urbano.
c) Extinción de incendios.
d) Limpieza viaria.

86. El transporte colectivo urbano de viajeros debe prestarse obligatoriamente en los Municipios de más de:

a) 5.000 habitantes.
b) 10.000 habitantes.
c) 20.000 habitantes.
d) 50.000 habitantes.

87. La evaluación e información de situaciones de necesidad social y la atención inmediata a personas en situación o riesgo de exclusión social, debe prestarse en los Municipios que tengan una población, como mínimo, superior a:

a) 50.000 habitantes.
b) 5.000 habitantes.
c) 20.000 habitantes.
d) 100.000 habitantes.

88. Si se plantea un conflicto de competencias entre dos Ayuntamientos de distintas Provincias de una misma Comunidad Autónoma, se resuelve por el/la/las:

a) Pleno de cada uno de ellos.
b) Ministerio de la Presidencia, Justicia y Relaciones con las Cortes.
c) Respectivas Diputaciones Provinciales.
d) Comunidad Autónoma.

89. ¿Qué define ENTRENA CUESTA como el Ente Público menor territorial primario?

a) La Comarca.
b) La Mancomunidad de Municipios.
c) El Municipio.
d) La Provincia.

90. La creación de nuevos municipios solo podrá realizarse sobre la base de núcleos de población territorialmente diferenciados, de al menos:

a) 3.000 habitantes.
b) 4.000 habitantes.
c) 10.000 habitantes.
d) 5.000 habitantes.

91. ¿Cuál de los siguientes no es uno de los tres elementos que, conforme al artículo 11.2.º LRL, constituyen el Municipio?

a) La Organización.
b) La Población.
c) Las Competencias .
d) El Territorio.

92. La inscripción en el Padrón Municipal solo surtirá efecto por el tiempo que subsista el hecho que la motivó y, en todo caso, cuando se trate de la inscripción de extranjeros no comunitarios sin autorización de residencia permanente, deberá ser objeto de renovación periódica:

a) Cada año.
b) Cada dos años.
c) Cada tres años.
d) Cada cinco años.

93. ¿Cuál de los siguientes datos no es obligatorio a la hora de la inscripción en el Padrón municipal?

a) Lugar y fecha de nacimiento.
b) Sexo.
c) Nacionalidad.
d) Número de teléfono.

94. ¿A qué órgano del Ayuntamiento le corresponde la creación de los distritos?

a) Al Alcalde.
b) A la Junta de Gobierno Local.

c) Al Teniente de Alcalde.

d) Al Pleno de la Corporación.

95. El órgano administrativo responsable de la asistencia jurídica al Alcalde, a la Junta de Gobierno Local y a los órganos directivos, se denomina:

a) Gabinete Jurídico.

b) Asesoría Jurídica.

c) Asesoría Social.

d) Defensa Jurídica del Ayuntamiento.

96. En los Municipios en los que exista un Consejo Social de la Ciudad, este estará integrado por representantes de las organizaciones:

a) Económicas.

b) Sociales y profesionales.

c) Organizaciones de vecinos más representativas.

d) Todas las respuestas anteriores son correctas.

97. Para la consecución de una gestión integral del sistema tributario municipal, los ayuntamientos de los municipios de gran población puede crear un órgano de gestión tributaria. ¿A qué órgano compete su creación?

a) Al Alcalde.

b) A la Junta de Gobierno Local.

c) Al Pleno.

d) Al Interventor.

98. Los conflictos de atribuciones que surjan entre órganos y Entidades dependientes de una misma Corporación Local se resolverán por:

a) El Pleno o el Presidente de la Corporación, según los implicados en el conflicto.

b) Por el Pleno, en todo caso.

c) Por la Junta de Gobierno local.

d) Por la Asesoría Jurídica de la Corporación.

99. Señala cuál de los siguientes no es un servicio que se deba prestar en todos los Municipios:

a) Biblioteca pública.

b) Pavimentación de las vías públicas.

c) Limpieza viaria.

d) Abastecimiento domiciliario de agua potable.

100. No es una competencia que pueda ser ejercida como propia por el Municipio:

a) La protección y gestión del Patrimonio histórico.

b) Policía nacional y protección civil.

c) La protección contra la contaminación acústica.

d) La protección de la salubridad pública.

101. Los conflictos de competencias planteados entre diferentes Entidades Locales serán resueltos por la Administración de la Comunidad Autónoma o por la Administración del Estado, previa audiencia de:

a) El Senado.

b) Las Comunidades Autónomas afectadas.

c) El Consejo de Estado.

d) El Tribunal Constitucional.

102. ¿A qué dos principios ha de atender la designación del personal directivo profesional de las Administraciones Públicas?

a) Publicidad y concurrencia.

b) Legalidad e igualdad.

c) Capacidad y mérito.

d) Idoneidad y transparencia.

103. ¿De cuánto tiempo disfrutarán los empleados públicos por traslado de domicilio sin cambio de residencia?

a) De dos días.

b) De un día.

c) De dos horas.

d) De un máximo de seis horas.

104. Señala la respuesta incorrecta respecto de los derechos de los funcionarios públicos:

a) Por razones de guarda legal, cuando el funcionario tenga el cuidado directo de algún menor de doce años, de persona mayor que requiera especial dedicación, o de una persona con discapacidad que no desempeñe actividad retribuida, tendrá derecho a la reducción de su jornada de trabajo, sin disminución de sus retribuciones.

b) Por lactancia de un hijo menor de doce meses, la funcionaria tendrá derecho a una hora de ausencia del trabajo que podrá dividir en dos fracciones.

c) Por nacimiento de hijos prematuros o que por cualquier otra causa deban permanecer hospitalizados a continuación del parto, la funcionaria o el funcionario tendrá derecho a ausentarse del trabajo durante un máximo de dos horas diarias percibiendo las retribuciones íntegras.

d) La funcionaria podrá solicitar la sustitución del tiempo de lactancia por un permiso retribuido que acumule en jornadas completas el tiempo correspondiente.

105. Por ser preciso atender el cuidado de un familiar de primer grado, el funcionario tendrá derecho a solicitar una reducción de:

a) Hasta el cincuenta por ciento de la jornada laboral, con carácter retribuido, por razones de enfermedad grave o muy grave y por el plazo máximo de tres meses.
b) Hasta el setenta por ciento de la jornada laboral, con carácter retribuido, por razones de enfermedad grave o muy grave y por el plazo máximo de un mes.
c) Hasta el cincuenta por ciento de la jornada laboral, con carácter retribuido, por razones de enfermedad muy grave y por el plazo máximo de un mes.
d) Hasta el setenta por ciento de la jornada laboral, con carácter retribuido, por razones de enfermedad muy grave y por el plazo máximo de un mes.

106. No tendrán dedicación exclusiva los miembros de Corporaciones locales de población inferior a:

a) 15.000 habitantes.
b) 10.000 habitantes.
c) 2.500 habitantes.
d) 1.000 habitantes.

107. ¿Qué retribución complementaria está destinada a retribuir las condiciones particulares de algunos puestos de trabajo en atención a su especial dificultad técnica, dedicación, incompatibilidad, responsabilidad, peligrosidad o penosidad?

a) El complemento especial.
b) El complemento específico.
c) El complemento de productividad.
d) El complemento extraordinario.

108. ¿A quién corresponde la asignación individual del complemento de productividad en las Corporaciones Locales?

a) Al Alcalde o Presidente.
b) Al Secretario.
c) Al Interventor.
d) Al Pleno.

109. A tenor del artículo 95 TR-LEBEP, el incumplimiento por los funcionarios de las normas sobre incompatibilidades cuando ello dé lugar a una situación de incompatibilidad, podrá ser constitutivo de falta:

a) Muy grave.
b) Grave.
c) Menos grave.
d) Leve.

110. Conforme al art. 96 TR-LEBEP, por razón de faltas cometidas podrán imponerse la siguiente sanción:

a) Suspensión firme de funciones, o de empleo y sueldo en el caso del personal laboral, con una duración máxima de 5 años.

b) Despido disciplinario del personal laboral, que solo podrá sancionar la comisión de faltas muy graves o graves y comportará la inhabilitación para ser titular de un nuevo contrato de trabajo con funciones similares a las que desempeñaban.

c) Separación del servicio de los funcionarios, que en el caso de los funcionarios interinos comportará la revocación de su nombramiento, y que solo podrá sancionar la comisión de faltas muy graves o graves.

d) Demérito, que consistirá en la penalización a efectos de carrera, promoción o movilidad voluntaria.

111. Salvo en caso de paralización del procedimiento imputable al interesado, la suspensión provisional como medida cautelar en la tramitación de un expediente disciplinario no podrá exceder de:

a) Un año.
b) 9 meses.
c) 6 meses.
d) 3 meses.

112. ¿Cuándo prescriben las sanciones impuestas por faltas leves?

a) A los dos años.
b) Al año.
c) A los seis meses.
d) Al mes.

113. ¿Cuándo prescriben las sanciones impuestas por faltas graves?

a) A los seis años.
b) A los cinco años.
c) A los tres años.
d) A los dos años.

114. ¿Cuál es la duración máxima de la sanción de suspensión de funciones por faltas muy graves?

a) Diez años.
b) Seis años.
c) Cinco años.
d) Cuatro años.

115. ¿Cuál es la duración máxima de la sanción de suspensión de funciones por faltas graves?

a) Cinco años.
b) Tres años.
c) Dos años.
d) Un año.

116. ¿En qué situación administrativa se encontrarán los funcionarios de carrera cuando sean designados para formar parte del Consejo General del Poder Judicial?

a) Servicio activo.
b) Servicios especiales.
c) Servicio en otras Administraciones Públicas.
d) Excedencia por interés particular.

117. Los funcionarios de carrera podrán obtener la excedencia voluntaria por interés particular cuando hayan prestado servicios efectivos en cualquiera de las Administraciones Públicas durante un periodo mínimo de:

a) Diez años inmediatamente anteriores.
b) Cinco años inmediatamente anteriores.
c) Tres años inmediatamente anteriores.
d) Dos años inmediatamente anteriores.

118. Señala la respuesta incorrecta respecto de la excedencia de los funcionarios de carrera:

a) La concesión de excedencia voluntaria por interés particular quedará subordinada a las necesidades del servicio debidamente motivadas.

b) Quienes se encuentren en situación de excedencia voluntaria por agrupación familiar no devengarán retribuciones, ni les será computable el tiempo que permanezcan en tal situación a efectos de ascensos, trienios y derechos en el régimen de Seguridad Social que les sea de aplicación.

c) Los funcionarios de carrera tendrán derecho a un período de excedencia de duración no superior a tres años para atender al cuidado de cada hijo, tanto cuando lo sea por naturaleza como por adopción.

d) Las funcionarias víctimas de violencia de género durante los tres primeros meses tendrán derecho a la reserva del puesto de trabajo que desempeñaran, siendo computable dicho período a efectos de antigüedad, carrera y derechos del régimen de Seguridad Social que sea de aplicación.

119. ¿Durante cuánto tiempo se le reservará el puesto de trabajo a los funcionarios de carrera en excedencia por cuidado de familiares?

a) Como máximo cinco años.
b) Al menos, durante tres años.
c) Al menos, durante dos años.
d) Un año, en todo caso.

120. ¿Qué duración tiene el permiso por adopción, por guarda con fines de adopción, o acogimiento, tanto temporal como permanente?

a) Diecisiete semanas.
b) Dieciséis semanas.
c) Quince semanas.
d) Catorce semanas.

121. ¿Cuál es el órgano competente para la imposición de sanciones disciplinarias a los funcionarios de administración local con habilitación de carácter nacional, cuando la sanción que recaiga sea por falta muy grave, tipificada en la normativa básica estatal?

a) El Presidente del Gobierno.
b) El Consejo de Estado.
c) El Ministro de Hacienda y Función Pública.
d) Cualquiera de los anteriores.

122. Para el acceso a los cuerpos o escalas del Grupo B se exigirá estar en posesión del:

a) Título de Técnico Superior.
b) Título de Bachiller.
c) Título de Técnico.
d) Título universitario de Grado.

123. Indica una de las notas características de los funcionarios de carrera:

a) Desempeño de servicios de carácter permanente.
b) Nombramiento legal, hecho por Autoridad competente.
c) Los puestos de trabajo que desempeñan han de figurar en la Plantilla orgánica y en el Registro de Personal.
d) Todas las respuestas son correctas.

124. ¿Cómo se denomina al personal que, en virtud de nombramiento y con carácter no permanente, solo realiza funciones expresamente calificadas como de confianza o asesoramiento especial, siendo retribuido con cargo a los créditos presupuestarios consignados para este fin?

a) Personal Laboral.
b) Personal Eventual.

c) Funcionarios interinos.

d) Funcionarios de carrera.

125. Señala la respuesta incorrecta respecto al personal eventual:

a) Su nombramiento y cese serán libres.

b) La condición de personal eventual podrá constituir mérito para el acceso a la Función Pública.

c) Su cese tendrá lugar, en todo caso, cuando se produzca el de la autoridad a la que se preste la función de confianza o asesoramiento.

d) Le será aplicable, en lo que sea adecuado a la naturaleza de su condición, el régimen general de los funcionarios de carrera.

126. La selección de todo el personal, sea funcionario o laboral, debe realizarse de acuerdo con la Oferta de Empleo Público, mediante convocatoria pública y a través del sistema de Concurso, Oposición o Concurso-Oposición libres en los que garanticen, en todo caso, los principios constitucionales de:

a) Capacidad, mérito, objetividad y legalidad.

b) Publicidad, eficacia, eficiencia, mérito y capacidad.

c) Igualdad, mérito y capacidad, así como el de publicidad.

d) Legalidad, publicidad, transparencia, mérito y capacidad.

127. Para poder participar en los concursos de provisión de puestos de trabajo o ser nombrados con carácter provisional en otro puesto de trabajo, salvo en el ámbito de una misma Entidad Local, los funcionarios deberán permanecer en cada puesto de trabajo, obtenido por concurso, un mínimo de:

a) Cinco años.

b) Tres años.

c) Dos años.

d) Un año.

128. Los titulares de la Secretaría-Intervención ejercerán sus funciones en las Secretarías de clase tercera, es decir, de Ayuntamientos de Municipios:

a) Con población inferior a 5.001 habitantes y cuyo Presupuesto no exceda de 3.010.060 euros.

b) Con población inferior a 3.001 habitantes y cuyo Presupuesto no exceda de 2.999.000 euros.

c) Con población inferior a 2.501 habitantes y cuyo Presupuesto no exceda de 1.500.060 euros.

d) Con población inferior a 1.00 habitantes y cuyo Presupuesto no exceda de 1.010.060 euros.

129. ¿A qué Subescala pertenecen los funcionarios que realicen tareas administrativas, normalmente de trámite y colaboración?

a) A la Subescala Técnica de Administración General.

b) A la Subescala de Gestión de Administración General.

c) A la Subescala Administrativa de Administración General.
d) A la Subescala Auxiliar de Administración General.

130. ¿A qué Subescala pertenecen los funcionarios que realicen tareas de mecanografía y taquigrafía?

a) A la Subescala Técnica de Administración General.
b) A la Subescala de Gestión de Administración General.
c) A la Subescala Administrativa de Administración General.
d) A la Subescala Auxiliar de Administración General.

131. A tenor del art. 169.2 TR/86, ¿qué titulación se precisa para ingresar en la Subescala Administrativa?

a) Licenciado en Derecho, en Ciencias Políticas, Económicas o Empresariales, Intendente Mercantil o Actuario.
b) Bachiller, Formación Profesional de Segundo Grado, o equivalente.
c) Graduado Escolar, Formación Profesional de Primer Grado o equivalente.
d) Certificado de Escolaridad.

132. Salvo que el Ministerio de Política Territorial y Memoria Democrática autorice su creación en los de censo inferior, la Policía Local solo existirá en los Municipios con población superior a:

a) 1.500 habitantes.
b) 3.000 habitantes.
c) 4.000 habitantes.
d) 5.000 habitantes.

133. Los empleos de Inspector y Subinspector de Policía Local solo podrán crearse en los Municipios de más de:

a) 25.000 habitantes.
b) 50.000 habitantes.
c) 75.000 habitantes.
d) 100.000 habitantes.

134. Los funcionarios que ejerciten el derecho de huelga, por el tiempo en que hayan permanecido en la misma, devengarán y percibirán:

a) Solo las retribuciones básicas prorrateadas.
b) Las retribuciones básicas y los trienios.
c) Todas las retribuciones que le corresponderían si no hubieran ejercido ese derecho.
d) No devengarán ni percibirán retribución alguna.

135. Los miembros de los Cuerpos de Policía Local, en el ejercicio de sus funciones, tendrán a todos los efectos legales el carácter de:

a) Agentes de la Autoridad.
b) Autoridad.
c) Delegados de la Autoridad.
d) Auxiliares de la Autoridad.

136. Señala la respuesta incorrecta respecto al régimen jurídico del personal laboral:

a) La Jurisdicción competente en esta materia es la Contencioso-Administrativa.
b) Dentro de este personal, por razón de la fijeza de su vinculación a la Entidad de que se trate, se distingue entre los contratados indefinidamente y los contratados temporalmente.
c) La selección de este personal se hará por concurso, concurso-oposición u oposición libre.
d) La contratación de este personal corresponde al Alcalde o al Presidente de la Diputación Provincial, a quien compete, también, la asignación del mismo a los distintos puestos de trabajo de carácter laboral previstos en las Relaciones de Puestos de Trabajo aprobadas por la Corporación, de acuerdo con la legislación laboral.

137. Los Ayuntamientos de Municipios con población superior a 50.000 y no superior a 75.000 habitantes podrán incluir en sus plantillas puestos de trabajo de personal eventual por un número que no podrá exceder de:

a) Uno.
b) Dos.
c) Siete.
d) La mitad de concejales de la Corporación local.

138. ¿Con qué frecuencia publicarán las Corporaciones locales en su sede electrónica y en el Boletín Oficial de la Provincia o, en su caso, de la Comunidad Autónoma uniprovincial el número de los puestos de trabajo reservados a personal eventual?

a) Cada cinco años.
b) Cada dos años.
c) Anualmente.
d) Semestralmente.

139. Indica cuál de los siguientes es uno de los derechos de carácter individual de los empleados públicos:

a) A percibir las retribuciones y las indemnizaciones por razón del servicio.
b) Al desempeño efectivo de las funciones o tareas propias de su condición profesional y de acuerdo con la progresión alcanzada en su carrera profesional.
c) A la formación continua y a la actualización permanente de sus conocimientos y capacidades profesionales, preferentemente en horario laboral.
d) Todas las respuestas son correctas.

140. El permiso de paternidad en 2023 por el nacimiento, guarda con fines de adopción, acogimiento o adopción de un hijo tendrá una duración, a disfrutar por el padre o el otro progenitor a partir de la fecha del nacimiento, de la decisión administrativa de guarda con fines de adopción o acogimiento, o de la resolución judicial por la que se constituya la adopción, de:

a) Nueve semanas.
b) Dieciséis semanas.
c) Doce semanas.
d) Quince semanas.

141. ¿Qué complemento está destinado a retribuir el especial rendimiento, la actividad y dedicación extraordinarias y el interés o iniciativa con que se desempeñen los puestos de trabajo?

a) El complemento de productividad.
b) El complemento específico.
c) El complemento singular.
d) El complemento de dedicación especial.

142. ¿Qué norma aprobó el Estatuto Básico del Empleado Público?

a) El Real Decreto 33/2005, de 1 de octubre.
b) La Ley 3/2007, de 9 de febrero.
c) La Ley 7/2007, de 12 de abril.
d) El Real Decreto Legislativo 5/2015, de 30 de octubre.

143. ¿Cómo se denomina al personal que en virtud de contrato de trabajo formalizado por escrito, en cualquiera de las modalidades de contratación de personal previstas en la legislación laboral, presta servicios retribuidos por las Administraciones Públicas?

a) Interino.
b) De carrera.
c) Eventual.
d) Laboral.

144. Los funcionarios públicos tendrán derecho a disfrutar, durante cada año natural, de unas vacaciones retribuidas de:

a) Veinte días hábiles, o de los días que correspondan proporcionalmente si el tiempo de servicio durante el año fue menor.

b) Veintidós días hábiles, o de los días que correspondan proporcionalmente si el tiempo de servicio durante el año fue menor.

c) Veintiséis días hábiles, o de los días que correspondan proporcionalmente si el tiempo de servicio durante el año fue menor.

d) Treinta días hábiles, o de los días que correspondan proporcionalmente si el tiempo de servicio durante el año fue menor.

145. ¿Cuántos días hábiles de permiso se concederán en el caso de accidente o enfermedad graves, hospitalización o intervención quirúrgica sin hospitalización que precise de reposo domiciliario del cónyuge, pareja de hecho o parientes hasta el primer grado por consanguinidad o afinidad, así como de cualquier otra persona distinta de las anteriores que conviva con el funcionario o funcionaria en el mismo domicilio y que requiera el cuidado efectivo de aquella?

a) Tres días.
b) Cuatro días.
c) Cinco días.
d) Seis días.

146. ¿De cuántos días al año, con carácter general, podrá disponer el funcionario de permiso para asuntos personales sin justificación?

a) De hasta 6 días al año.
b) De hasta 7 días al año.
c) De hasta 8 días al año.
d) De hasta 9 días al año.

147. Como máximo y con carácter general, si se mantiene la necesidad de cuidado directo, continuo y permanente, el permiso por cuidado de hijo menor afectado por cáncer u otra enfermedad grave, se extenderá hasta que cumpla:

a) 12 años.
b) 18 años.
c) 16 años.
d) 23 años.

148. Por razón de matrimonio o constitución formalizada por documento público de pareja de hecho, los funcionarios tendrán derecho a una licencia de::

a) Diez días.
b) Un mes.
c) Quince días.
d) Veinte días.

149. A quienes se encuentren en situación de excedencia por interés particular:

a) Les será computable el tiempo que permanezcan en tal situación a efectos de ascensos.
b) Les será computable el tiempo que permanezcan en tal situación a efectos de trienios y derechos en el régimen de Seguridad Social que les sea de aplicación.
c) No devengarán retribuciones.
d) Todas las respuestas son correctas.

150. Señala la respuesta correcta respecto a la situación de servicios especiales:

a) A los funcionarios en situación de servicios especiales no se les computará el tiempo que permanezcan en esta situación a los efectos de ascensos, trienios o derechos pasivos.
b) Tendrán derecho a la reserva de plaza y destino.
c) Tendrán preferencia para el reingreso en el servicio activo.
d) Todas las respuestas son correctas.

151. Por nacimiento de hijos prematuros o que por cualquier otra causa deban permanecer hospitalizados a continuación del parto, la funcionaria o el funcionario tendrá derecho a ausentarse del trabajo durante:

a) Un máximo de una hora diaria percibiendo las retribuciones íntegras.
b) Un máximo de 2 horas diarias percibiendo las retribuciones íntegras.
c) Un máximo de 2,5 horas diarias percibiendo las retribuciones íntegras.
d) Un máximo de 3 horas diarias percibiendo las retribuciones íntegras.

152. No se rigen por el Derecho Administrativo el/los:

a) Funcionarios.
b) Personal Laboral.
c) Personal Eventual.
d) Interinos.

153. Los puestos de confianza o asesoramiento especial se suelen reservar al/a los:

a) Políticos.
b) Personal Eventual.
c) Personal Laboral.
d) Funcionarios.

154. Los interinos ocupan provisionalmente puestos que pueden ser desempeñados por:

a) Contratados temporales.
b) Personal eventual.
c) Funcionarios.
d) Personal Laboral.

155. La titulación exigible para ser funcionario del grupo B según el Real Decreto Legislativo 5/2015, de 30 de octubre, por el que se aprueba el texto refundido de la Ley del Estatuto Básico del Empleado Público, es:

a) Título de Bachiller o Técnico..
b) Título de Graduado en Educación Secundaria Obligatoria

c) Título de Técnico Superior.
d) Título de ESO.

156. Junto a los principios de igualdad, mérito y capacidad, en la selección de los funcionarios, se debe seguir el de:

a) Imparcialidad.
b) Publicidad.c) Profesionalidad.
d) Concurrencia.

157. La Oferta de Empleo de un Municipio de gran población debe aprobarla el/la:

a) Pleno.
b) Junta de Personal.
c) Presidente.
d) Junta de Gobierno Local.

158. El sistema normal de selección de los laborales es el/la:

a) Oposición libre.
b) Concurso.
c) Concurso-oposición.
d) Todas las respuestas anteriores son correctas.

159. La titulación exigible para ser funcionario del grupo C1, según el Real Decreto Legislativo 5/2015, de 30 de octubre, por el que se aprueba el texto refundido de la Ley del Estatuto Básico del Empleado Público, es:

a) Título de Bachiller o Técnico.
b) Título de Graduado en Educación Secundaria Obligatoria
c) Título de Técnico Superior.
d) Título de ESO.

160. El juramento o promesa a realizar por los funcionarios se efectúa:

a) Tras la toma de posesión.
b) Antes de ella.
c) En el mismo momento de la toma de posesión.
d) Ante órganos jurisdiccionales.

161. En el juramento o promesa que deben hacer los funcionarios se señala que se ha de cumplir las obligaciones del cargo con lealtad al/a la/a los:

a) Constitución.
b) Corporación.

c) Superiores.
d) Rey.

162. Siguiendo las nuevas titulaciones, se exigirá título de Graduado en Educación Secundaria Obligatoria para pertenecer al Subgrupo:

a) A1.
b) B2.
c) C1.
d) C2.

163. El Texto Refundido de la Ley del Estatuto Básico del Empleado Público se aprobó por:

a) Real Decreto Legislativo 12/2007, de 13 de marzo.
b) Real Decreto Legislativo 5/2012, de 13 de mayo.
c) Real Decreto Legislativo 5/2015, de 30 de octubre.
d) Real Decreto Legislativo 3/2015, de 14 de abril.

164. Los Concursos de Méritos para proveer puestos de trabajo los resuelve, en un Municipio de régimen común, el/la:

a) Pleno.
b) Junta de Gobierno Local.
c) Presidente de la Corporación.
d) Junta de Personal.

165. Los sistemas de provisión de puestos de funcionarios son:

a) La oposición.
b) El concurso de méritos.
c) La libre designación.
d) Las respuestas b) y c) son ciertas.

166. La constitución del Registro de Personal:

a) Se efectúa a nivel estatal.
b) Es facultativa para las Corporaciones Locales.
c) Es obligatoria para las Corporaciones Locales.
d) Se supedita a la voluntad de la correspondiente Comunidad Autónoma.

167. ¿Cuál es la norma vigente por la que se regula el régimen jurídico de los funcionarios de Administración Local con habilitación de carácter nacional?

a) La Ley 5/2008, de 29 de octubre.
b) El Real Decreto 1174/1987, de 18 de septiembre.

c) El Real Decreto 128/2018, de 16 de marzo.
d) La Ley 34/2016, de 3 de abril.

168. ¿En qué clase se encuadrarían las Secretarías de Ayuntamientos de municipios cuyas poblaciones están comprendidas entre 5.001 y 20.000 habitantes?

a) Clase primera.
b) Clase segunda.
c) Clase tercera.
d) Clase cuarta.

169. Como regla general, en las Entidades Locales cuya Secretaría esté clasificada en clase tercera, las funciones propias de la Intervención:

a) No se llevarán a cabo dichas funciones, que las desempeñará el Interventor de la Diputación Provincial respectivo.
b) Existirán dos puestos de trabajo denominados Intervención Municipal.
c) Existirá un puesto de trabajo denominado Intervención.
d) Formarán parte del contenido del puesto de trabajo de Secretaría.

170. Las cantidades destinadas a financiar aportaciones a planes de pensiones o contratos de seguros tendrán a todos los efectos la consideración de:

a) Retribución básica.
b) Retribución complementaria.
c) Indemnizaciones.
d) Retribución diferida.

171. No puede ser Técnico de Administración General un Licenciado en:

a) Sociología.
b) Ciencias Políticas.
c) Derecho.
d) Ciencias Empresariales.

172. La reserva del 50 % de plazas para promoción interna es:

a) Obligatoria.
b) Facultativa.
c) Anormal.
d) Ilegal.

173. La antigüedad para entrar en el cupo de promoción interna es, como regla general, de:

a) Cinco años.
b) Tres años.

c) Dos años.
d) Depende de la plaza.

174. Pertenece a la Subescala de Servicios Especiales un:

a) Ingeniero Industrial al servicio de una Corporación Local.
b) Técnico de Administración General.
c) Suboficial del Servicio de Extinción de Incendios.
d) Contratado laboralmente.

175. Dentro del Personal de Oficios el escalón inferior lo ocupan los:

a) Ayudantes.
b) Peones.
c) Operarios.
d) Oficiales.

176. El número de Personal Eventual que haya de existir en un Municipio de régimen común se fija por el/la:

a) Pleno.
b) Alcalde o Presidente.
c) Comunidad Autónoma respectiva.
d) Junta de Gobierno Local.

177. Respecto del Personal Eventual, ha de publicarse en el Boletín Oficial de la Provincia:

a) Las sanciones que se le impongan.
b) El nombramiento y cese.
c) La concesión de menciones honoríficas.
d) Ninguna de las respuestas anteriores es correcta.

178. Tiene especial trascendencia en la regulación de las relaciones laborales del Personal Laboral el/la:

a) Texto Refundido de la Ley del Estatuto de los Trabajadores.
b) Legislación general de funcionarios.
c) Convenio Colectivo propio.
d) Las respuestas a) y c) son correctas.

179. Un Decreto de un Presidente de una Diputación Provincial despidiendo a un laboral al servicio de la misma:

a) Es nulo de pleno derecho al dictarse por órgano manifiestamente incompetente.
b) Basta para que se lleve a cabo dicho despido.

c) Debe ser ratificado por el Pleno de la Corporación.

d) Ha de confirmarse ante el correspondiente Juzgado de lo Social.

180. La no concurrencia con la actividad de la empresa, respecto de este Personal Laboral:

a) Es un derecho del mismo.

b) Significa que pueden trabajar en la esfera privada, haciendo la competencia a la propia Corporación.

c) Le impide desempeñar cualquier tipo de trabajo fuera de la Corporación.

d) Es un deber del mismo, por el cual no puede hacerle la competencia a la Corporación.

181. Por muerte de un tío carnal, teniendo en cuenta que es familiar dentro del tercer grado, se tiene derecho al siguiente permiso:

a) Dos días si es en la misma localidad.

b) Cuatro días si es en distinta localidad.

c) Ningún día.

d) Las respuestas a) y b) son correctas.

182. La disminución de la jornada por cuidado directo de un menor de seis años:

a) Puede equivaler a un tercio o un medio.

b) No implica reducción de retribuciones.

c) Comporta exclusivamente la reducción de las retribuciones complementarias.

d) Nada de lo anterior es cierto.

183. La observancia de las normas sobre seguridad y salud laboral:

a) Es un principio ético de los empleados públicos.

b) Se ajustará a lo que indiquen los representantes de los trabajadores.

c) Se establece solo para los puestos de trabajo cuyo desempeño suponga riesgos inequívocos.

d) Es obligatoria para todos los empleados públicos.

184. Cuando un funcionario haya sido declarado en la situación de suspensión, dicha situación determinará la pérdida del puesto de trabajo cuando la suspensión exceda de:

a) Seis meses.

b) Tres meses.

c) Cinco meses.

d) Dos meses.

185. Para el cumplimiento de un deber inexcusable de carácter público o personal, se tiene derecho a un permiso:

a) De tres días.

b) Por tiempo indispensable.

c) De cinco días.
d) De dos días.

186. En una Corporación de cincuenta y nueve funcionarios existirán representándolos:

a) Un Delegado de Personal.
b) Dos Delegados de Personal.
c) Un Comité de Empresa.
d) Una Junta de Personal.

187. El personal funcionario que no tenga dedicación exclusiva o especial dedicación ha de cumplir una jornada laboral semanal de:

a) Treinta y cinco horas.
b) Treinta y siete horas y media.
c) Cuarenta horas.
d) Veinticuatro horas.

188. Los trienios se cobran:

a) En igual cuantía dentro de cada Subgrupo o Grupo de clasificación profesional, en el supuesto de que este no tenga Subgrupo.
b) En concepto de retribución complementaria.
c) Solo mensualmente, sin percibirse en las pagas extraordinarias.
d) Ninguna de las respuestas anteriores es correcta.

189. En las pagas extraordinarias se percibe:

a) El sueldo y el complemento de destino solamente.
b) Todas las retribuciones.
c) Las retribuciones básicas en exclusiva.
d) Nada de lo expuesto es correcto.

190. La participación en las multas impuestas por un funcionario, cuando esté normativamente atribuida a los servicios:

a) Está expresamente prohibida.
b) No está sujeta a retención fiscal.
c) Se permite excepcionalmente, con arreglo a dicha normativa.
d) Es la regla general y forma parte de las retribuciones complementarias.

191. Las retribuciones básicas de los funcionarios se fijan y se recogen por el/la/las:

a) Leyes de Presupuestos de cada Comunidad Autónoma.
b) Presupuesto de cada Corporación Local.

c) Ley de Presupuestos Generales del Estado.
d) Todas las respuestas anteriores son correctas.

192. Señala la respuesta incorrecta. Las retribuciones complementarias de los funcionarios se establecerán por las correspondientes leyes de cada Administración Pública atendiendo, entre otros, a los siguientes factores:

a) La especial dificultad técnica, responsabilidad, dedicación, incompatibilidad exigible para el desempeño de determinados puestos de trabajo.
b) Los servicios extraordinarios prestados en la jornada normal de trabajo.
c) La progresión alcanzada por el funcionario dentro del sistema de carrera administrativa.
d) El grado de interés, iniciativa o esfuerzo con que el funcionario desempeña su trabajo.

193. La asistencia sanitaria de los funcionarios locales corresponde en la actualidad a la:

a) Sanidad privada.
b) Seguridad Social.
c) Mutualidad Nacional de Previsión de la Administración Local.
d) Cualquiera de las anteriores.

194. Señala cuál de las siguientes no es una de las características esenciales del personal funcionario de una Entidad Local:

a) Sometimiento de la relación funcionarial al Derecho laboral.
b) Profesionalidad.
c) Retribución con cargo a la Entidad Local.
d) Vinculación permanente.

195. La masa salarial del personal laboral del sector público local, una vez aprobada será publicada en la sede electrónica de la Corporación y en el Boletín Oficial de la Provincia o, en su caso, de la Comunidad Autónoma uniprovincial en el plazo de:

a) Cinco días.
b) Diez días.
c) Veinte días.
d) Un mes.

Solución al test n.º 2

1. a) El Estado se organiza territorialmente en Municipios, en Provincias y en las Comunidades Autónomas que se constituyan.

2. a) El gobierno y la administración autónoma de las provincias estarán encomendados a las Diputaciones u otras Corporaciones de carácter representativo.

3. d) Todas las respuestas anteriores son correctas.

4. d) Sí.

5. d) Universal, igual, libre, directo y secreto, en la forma establecida en la ley.

6. c) Eficacia, jerarquía, descentralización, desconcentración y coordinación.

7. c) Real Decreto Legislativo 2/2004, de 5 de marzo.

8. c) La Ley Orgánica 5/1985, de 19 de junio, del Régimen Electoral General.

9. d) Todas las respuestas son correctas.

10. d) La población, la organización y el territorio.

11. b) El territorio en que el Ayuntamiento ejerce sus competencias.

12. b) La creación de nuevos municipios solo podrá realizarse sobre la base de núcleos de población territorialmente diferenciados, de al menos 4.000 habitantes.

13. b) En ningún caso.

14. d) Las respuestas a) y c) son correctas.

15. c) Acceder a los aprovechamientos comunales.

16. c) No les atribuirá ningún derecho que no les confiera la legislación vigente.

17. c) El registro administrativo donde constan los vecinos de un municipio.

18. d) Ninguna de las respuestas es correcta.

19. a) Deberá inscribirse únicamente en el Padrón municipal del municipio en el que habite durante más tiempo al año.

20. c) Sí, y su formación se realizará por la Administración General del Estado.

21. d) Los municipios que tradicional y voluntariamente cuenten con ese singular régimen de gobierno y administración.

22. a) El Alcalde, los Tenientes de Alcalde y el Pleno existen en todos los Ayuntamientos.

23. a) Existe en todos los municipios.

24. c) El Concejal que haya obtenido la mayoría absoluta de los votos de los concejales.

25. c) Señoría en los municipios que no sean capitales de provincia ni las ciudades de Madrid y Barcelona.

26. d) Todas las respuestas son verdaderas.

27. b) La aprobación del reglamento orgánico y de las ordenanzas.

28. a) La alteración de la calificación jurídica de los bienes de dominio público.

29. a) No superior al tercio del número legal de los mismos.

30. a) A los municipios que sean capitales autonómicas.

31. b) La aprobación del proyecto de presupuesto.

32. b) El titular de la asesoría jurídica.

33. b) Una Comisión especial de Sugerencias y Reclamaciones.

34. c) Un órgano para la resolución de las reclamaciones económico-administrativas.

35. c) Administración de Justicia.

36. c) En los Municipios con población superior a 50.000 habitantes.

37. c) En los Municipios con población superior a 20.000 habitantes.

38. c) En todos los Municipios.

39. b) Plena.

40. c) Paritario.

41. c) Está prohibida en nuestro ordenamiento jurídico.

42. c) Ayuntamiento respectivo.

43. a) Hay que estar empadronado como tal en él.

44. b) Hacienda Local.

45. b) Alcalde.

46. d) Debe figurar todo lo anterior.

47. c) Ministerio de Economía, Comercio y Empresa.

48. c) Administración General del Estado.

49. b) Administración General del Estado.

50. b) Se aplica preferentemente a la establecida por el Reglamento Orgánico de cada Municipio.

51. c) En la sesión constitutiva de la Corporación.

52. d) Las respuestas b) y c) son ciertas.

53. d) Nada de lo expuesto es cierto.

54. c) Cualquier Concejal cuya aceptación expresa conste en el escrito de proposición de la moción.

55. b) El Alcalde cesará automáticamente, quedando en funciones hasta la toma de posesión de quien hubiere de sucederle en el cargo.

56. a) Gobierno de la Nación.

57. c) Presidente.

58. a) La correspondiente Comunidad Autónoma.

59. a) Inclina la votación al sector en el que él haya votado, en caso de empate producido en la reunión de un órgano colegiado.

60. b) Junta de Gobierno Local.

61. d) Nada de lo anterior es correcto.

62. c) Presidente.

63. a) Pleno.

64. c) Trece.

65. a) Alcalde.

66. d) Junta de Gobierno Local.

67. b) Presidente.

68. d) Anteriores, en las materias de sus respectivas competencias.

69. d) Todos los anteriores pueden serlo.

70. d) Un tercio de estos.

71. a) Presidente.

72. b) Preside circunstancialmente la misma.

73. b) Toma conocimiento.

74. c) Pleno.

75. a) Los Municipios.

76. a) Necesario.

77. c) Pleno del Ayuntamiento de que dependan.

78. a) Comisión Especial de Cuentas.

79. a) Comisiones Informativas Especiales.

80. b) Consejo Sectorial.

81. c) Miembro de esta que designe el Presidente.

82. d) Vivir en ella.

83. b) 20.000 habitantes.

84. c) Transporte colectivo urbano de viajeros.

85. d) Limpieza viaria.

86. d) 50.000 habitantes.

87. c) 20.000 habitantes.

88. d) Comunidad Autónoma.

89. c) El Municipio.

90. b) 4.000 habitantes.

91. c) Las Competencias .

92. b) Cada dos años.

93. d) Número de teléfono.

94. d) Al Pleno de la Corporación.

95. b) Asesoría Jurídica.

96. d) Todas las respuestas anteriores son correctas.

97. c) Al Pleno.

98. a) El Pleno o el Presidente de la Corporación, según los implicados en el conflicto.

99. a) Biblioteca pública.

100. b) Policía nacional y protección civil.

101. b) Las Comunidades Autónomas afectadas.

102. c) Capacidad y mérito.

103. b) De un día.

104. a) Por razones de guarda legal, cuando el funcionario tenga el cuidado directo de algún menor de doce años, de persona mayor que requiera especial dedicación, o de una persona con discapacidad que no desempeñe actividad retribuida, tendrá derecho a la reducción de su jornada de trabajo, sin disminución de sus retribuciones.

105. c) Hasta el cincuenta por ciento de la jornada laboral, con carácter retribuido, por razones de enfermedad muy grave y por el plazo máximo de un mes.

106. d) 1.000 habitantes.

107. b) El complemento específico.

108. a) Al Alcalde o Presidente.

109. a) Muy grave.

110. d) Demérito, que consistirá en la penalización a efectos de carrera, promoción o movilidad voluntaria.

111. c) 6 meses.

112. b) Al año.

113. d) A los dos años.

114. b) Seis años.

115. b) Tres años.

116. b) Servicios especiales.

117. b) Cinco años inmediatamente anteriores.

118. d) Las funcionarias víctimas de violencia de género durante los tres primeros meses tendrán derecho a la reserva del puesto de trabajo que desempeñaran, siendo computable dicho período a efectos de antigüedad, carrera y derechos del régimen de Seguridad Social que sea de aplicación.

119. c) Al menos, durante dos años.

120. b) Dieciséis semanas.

121. c) El Ministro de Hacienda y Función Pública.

122. a) Título de Técnico Superior.

123. d) Todas las respuestas son correctas.

124. b) Personal Eventual.

125. b) La condición de personal eventual podrá constituir mérito para el acceso a la Función Pública.

126. c) Igualdad, mérito y capacidad, así como el de publicidad.

127. c) Dos años.

128. a) Con población inferior a 5.001 habitantes y cuyo Presupuesto no exceda de 3.010.060 euros.

129. c) A la Subescala Administrativa de Administración General.

130. d) A la Subescala Auxiliar de Administración General.

131. b) Bachiller, Formación Profesional de Segundo Grado, o equivalente.

132. d) 5.000 habitantes.

133. d) 100.000 habitantes.

134. d) No devengarán ni percibirán retribución alguna.

135. a) Agentes de la Autoridad.

136. a) La Jurisdicción competente en esta materia es la Contencioso-Administrativa.

137. d) La mitad de concejales de la Corporación local.

138. d) Semestralmente.

139. d) Todas las respuestas son correctas.

140. b) Dieciséis semanas.

141. a) El complemento de productividad.

142. d) El Real Decreto Legislativo 5/2015, de 30 de octubre.

143. d) Laboral.

144. b) Veintidós días hábiles, o de los días que correspondan proporcionalmente si el tiempo de servicio durante el año fue menor.

145. c) Cinco días.

146. a) De hasta 6 días al año.

147. d) 23 años.

148. c) Quince días.

149. c) No devengarán retribuciones.

150. b) Tendrán derecho a la reserva de plaza y destino.

151. b) Un máximo de 2 horas diarias percibiendo las retribuciones íntegras.

152. b) Personal Laboral.

153. b) Personal Eventual.

154. c) Funcionarios.

155. c) Título de Técnico Superior.

156. b) Publicidad.

157. d) Junta de Gobierno Local.

158. d) Todas las respuestas anteriores son correctas.

159. a) Título de Bachiller o Técnico.

160. c) En el mismo momento de la toma de posesión.

161. d) Rey.

162. d) C2.

163. c) Real Decreto Legislativo 5/2015, de 30 de octubre.

164. c) Presidente de la Corporación.

165. d) Las respuestas b) y c) son ciertas.

166. c) Es obligatoria para las Corporaciones Locales.

167. c) El Real Decreto 128/2018, de 16 de marzo.

168. b) Clase segunda.

169. d) Formarán parte del contenido del puesto de trabajo de Secretaría.

170. d) Retribución diferida.

171. a) Sociología.

172. b) Facultativa.

173. c) Dos años.

174. c) Suboficial del Servicio de Extinción de Incendios.

175. c) Operarios.

176. a) Pleno.

177. d) Ninguna de las respuestas anteriores es correcta.

178. d) Las respuestas a) y c) son correctas.

179. b) Basta para que se lleve a cabo dicho despido.

180. d) Es un deber del mismo, por el cual no puede hacerle la competencia a la Corporación.

181. c) Ningún día.

182. d) Nada de lo anterior es cierto.

183. d) Es obligatoria para todos los empleados públicos.

184. a) Seis meses.

185. b) Por tiempo indispensable.

186. d) Una Junta de Personal.

187. b) Treinta y siete horas y media.

188. a) En igual cuantía dentro de cada Subgrupo o Grupo de clasificación profesional, en el supuesto de que este no tenga Subgrupo.

189. d) Nada de lo expuesto es correcto.

190. a) Está expresamente prohibida.

191. d) Todas las respuestas anteriores son correctas.

192. b) Los servicios extraordinarios prestados en la jornada normal de trabajo.

193. b) Seguridad Social.

194. a) Sometimiento de la relación funcionarial al Derecho laboral.

195. c) Veinte días.

TEST N.º 3

La Igualdad efectiva de mujeres y hombres. Políticas públicas para la igualdad. Medidas de protección integral contra la violencia de género. Derechos de las mujeres víctimas de violencia de género

1. Según su artículo 1, la LO 3/2007 tiene por objeto hacer efectivo el derecho de:

a) Conciliación de la vida laboral y familiar de mujeres y hombres.
b) Igualdad de trato y de oportunidades entre mujeres y hombres.
c) Participación en los asuntos públicos en igualdad de condiciones.
d) No discriminación por razón de sexo.

2. Las obligaciones establecidas en la LO 3/2007 son de aplicación a:

a) A toda persona, física o jurídica, que se encuentre o actúe en territorio español, cualquiera que fuese su nacionalidad, domicilio o residencia.
b) A todos los ciudadanos españoles, ya sea en territorio español o territorio de cualquier país extranjero.
c) A toda persona, física o jurídica, que se encuentre o actúe en territorio español, con nacionalidad española.
d) A toda persona, física o jurídica, que resida en territorio español, cualquiera que fuese su nacionalidad.

3. Según el artículo 4 de la LO 3/2007, la igualdad de trato y de oportunidades entre mujeres y hombres:

a) Es un deber de las Administraciones Públicas.
b) Es una fuente formal del Derecho.
c) Es un principio informador del ordenamiento jurídico.
d) Es un objetivo fundamental del procedimiento administrativo.

4. El principio de igualdad de trato y de oportunidades entre mujeres y hombres:

a) Solo se aplica en el ámbito del empleo público.
b) Se garantizará incluso en el acceso al trabajo por cuenta propia.

c) No se aplica en la afiliación y participación en organizaciones sindicales o empresariales.

d) Se garantizará en los términos que prevean los convenios colectivos.

5. La situación en que se encuentra una persona que sea, haya sido o pudiera ser tratada, en atención a su sexo, de manera menos favorable que otra en situación comparable, se considera:

a) Discriminación directa.

b) Acoso sexual.

c) Discriminación indirecta.

d) Violencia de género.

6. En virtud del artículo 6.2 de la LO 3/2007, la situación en que una disposición, criterio o práctica aparentemente neutros pone a personas de un sexo en desventaja particular con respecto a personas del otro:

a) En cualquier caso constituirá discriminación directa.

b) En cualquier caso constituirá discriminación indirecta.

c) No se considera discriminación indirecta si dicha disposición, criterio o práctica pueden justificarse objetivamente en atención a una finalidad legítima y los medios para alcanzar dicha finalidad son necesarios y adecuados.

d) En ningún caso podrá considerarse discriminación.

7. Conforme al artículo 6.3 de la LO 3/2007, toda orden de discriminar por razón de sexo:

a) Solo se considera discriminatoria si se ordena discriminar directamente.

b) En ningún caso se puede considerar discriminatoria.

c) Solo se considera discriminatoria si ordena una discriminación indirecta.

d) En cualquier caso se considera discriminatoria, sea directa o indirecta.

8. Conforme al artículo 7.4 de la LO 3/2007, el condicionamiento de un derecho o de una expectativa de derecho a la aceptación de una situación constitutiva de acoso sexual o de acoso por razón de sexo se considerará:

a) Acto de discriminación por razón de sexo.

b) Creación de un entorno intimidatorio, degradante u ofensivo.

c) Anulable y sin efecto.

d) Indemnizable.

9. En virtud del artículo 9 de la LO 3/2007, cualquier trato adverso o efecto negativo que se produzca en una persona como consecuencia de la presentación por su parte de queja, reclamación, denuncia, demanda o recurso, de cualquier tipo, destinados a impedir su discriminación y a exigir el cumplimiento efectivo del principio de igualdad de trato entre mujeres y hombres, se considerará:

a) Discriminación directa.

b) Discriminación por razón de sexo.

c) Injustificado.
d) Acoso sexual.

10. Para prevenir la realización de conductas discriminatorias en los actos y las cláusulas de los negocios jurídicos, el artículo 10 de la LO 3/2007 prevé la existencia de un sistema de sanciones eficaz y:

a) Proporcionado.
b) Comprensible.
c) Cuantificable.
d) Disuasorio.

11. Según el artículo 10 de la LO 3/2007, los actos y las cláusulas de los negocios jurídicos que constituyan o causen discriminación por razón de sexo se considerarán:

a) Válidos, pero anulables.
b) Nulos y sin efecto.
c) Ilegales.
d) Nulos, pero con efectos.

12. Con el fin de hacer efectivo el derecho constitucional de la igualdad, los Poderes Públicos adoptarán medidas específicas en favor de las mujeres para corregir situaciones patentes de desigualdad de hecho respecto de los hombres. Tales medidas, que serán aplicables en tanto subsistan dichas situaciones, habrán de ser en relación con el objetivo perseguido en cada caso razonables y:

a) Justificadas.
b) Autorizadas judicialmente.
c) Transparentes.
d) Proporcionadas.

13. Conforme al artículo 12 de la LO 3/2007, cualquier persona podrá recabar de los tribunales la tutela del derecho a la igualdad entre mujeres y hombres, de acuerdo con lo establecido en el artículo 53.2 de la Constitución:

a) Siempre que la relación en la que supuestamente se produce la discriminación se encuentre vigente.

b) Incluso tras la terminación de la relación en la que supuestamente se ha producido la discriminación.

c) Siempre que se haya dado por terminada la relación en la que supuestamente se produce la discriminación.

d) A menos que se haya procedido a la suspensión de la relación en la que supuestamente se produce la discriminación.

14. La capacidad y la legitimación para intervenir en los procesos civiles, sociales y contencioso-administrativos que versen sobre la defensa del derecho de igualdad entre mujeres y hombres, corresponden a:

a) La persona acosada, únicamente.
b) Cualquier ciudadano.
c) Las personas físicas y jurídicas con interés legítimo.
d) Cualquier persona jurídica.

15. La persona acosada será la única legitimada en los litigios:

a) Sobre discriminación directa.
b) Sobre acoso sexual y acoso por razón de sexo.
c) Sobre acoso sexual únicamente.
d) Únicamente sobre acoso por razón de sexo.

16. El artículo 14 de la LO 3/2007 indica cuáles serán los criterios generales de actuación de los Poderes Públicos para el cumplimiento de los fines de esta ley. Así, en relación con la efectividad del derecho constitucional de igualdad entre mujeres y hombres, dicho artículo manifiesta la siguiente acción:

a) El reconocimiento.
b) El apoyo.
c) El seguimiento.
d) El compromiso.

17. Un criterio general de actuación de los Poderes Públicos, según el artículo 14 de la LO 3/2007, es el establecimiento de medidas que aseguren la .... del trabajo y de la vida personal y familiar de las mujeres y los hombres, así como el fomento de la .... en las labores domésticas y en la atención a la familia. ¿Qué dos palabras completan acertadamente la frase anterior?

a) Conciliación y corresponsabilidad.
b) Estabilidad y cooperación.
c) Corresponsabilidad y cooperación.
d) Estabilidad y conciliación.

18. Según el artículo 15 de la LO 3/2007, el principio de igualdad de trato y oportunidades entre mujeres y hombres informará la actuación de todos los Poderes Públicos, con carácter:

a) General.
b) Transversal.
c) Integral.
d) Global.

19. Según el artículo 16 de la LO 3/2007, los poderes públicos:

a) Procurarán atender al principio de presencia equilibrada de mujeres y hombres en los nombramientos y designaciones de los cargos de responsabilidad que les correspondan.

b) Podrán atender al principio de presencia equilibrada de mujeres y hombres en los nombramientos y designaciones de los cargos de responsabilidad que les correspondan.

c) Deberán atender al principio de presencia equilibrada de mujeres y hombres en los nombramientos y designaciones de los cargos de responsabilidad que les correspondan.

d) Obligarán atender al principio de presencia equilibrada de mujeres y hombres en los nombramientos y designaciones de los cargos de responsabilidad que les correspondan.

20. Según el artículo 17 de la LO 3/2007, el Gobierno, en las materias que sean de la competencia del Estado, aprobará un Plan Estratégico de Igualdad de Oportunidades:

a) Anualmente.
b) Bianualmente.
c) Cada cuatro años.
d) Periódicamente.

21. El Gobierno dará cuenta del informe sobre el conjunto de sus actuaciones en relación con la efectividad del principio de igualdad entre mujeres y hombres:

a) Al Congreso de los Diputados.
b) A las Cortes Generales.
c) A las asociaciones y organizaciones de mujeres.
d) Al Defensor del Pueblo.

22. Los proyectos de disposiciones de carácter general y los planes de especial relevancia económica, social, cultural y artística que se sometan a la aprobación del Consejo de Ministros deberán incorporar:

a) Un Plan Estratégico de Igualdad de Oportunidades.

b) Una estadística o encuesta que posibilite el conocimiento de las diferencias en los valores, roles, situaciones y condiciones, de mujeres y hombres en el ámbito de acción del proyecto o plan.

c) Un informe periódico sobre el conjunto de sus actuaciones en relación con la efectividad del principio de igualdad entre mujeres y hombres.

d) Un informe sobre su impacto por razón de género.

23. Conforme al artículo 22 de la LO 3/2007, las corporaciones locales, con el fin de avanzar hacia un reparto equitativo de los tiempos entre mujeres y hombres, podrán establecer:

a) Planes Municipales de Empleo con perspectiva de género.
b) Ordenanzas de regulación del tiempo.

c) Ordenanzas o Edictos de representación equilibrada en los tiempos de la ciudad.

d) Planes Municipales de organización del tiempo de la ciudad.

24. Conforme al artículo 26 de la LO 3/2007, los distintos organismos, agencias, entes y demás estructuras de las administraciones públicas que de modo directo o indirecto configuren el sistema de gestión cultural, desarrollarán, entre otras actuaciones, la adopción de iniciativas destinadas a favorecer la promoción específica de las mujeres en la cultura y a combatir su discriminación estructural y/o:

a) Difusa.

b) Generacional.

c) Ambigua.

d) Encubierta.

25. La LO 1/2004 tiene por objeto:

a) Actuar contra la violencia que, como manifestación de la discriminación, la situación de desigualdad y las relaciones de poder de los hombres sobre las mujeres, se ejerce sobre estas por parte de quienes sean o hayan sido sus cónyuges o de quienes estén o hayan estado ligados a ellas por relaciones similares de afectividad, aun sin convivencia.

b) Actuar contra la violencia que, como manifestación de la discriminación, la situación de desigualdad y las relaciones de poder de los hombres sobre las mujeres, se ejerce sobre estas por parte de quienes sean o hayan sido sus cónyuges o de quienes estén o hayan estado ligados a ellas por relaciones similares de afectividad, siempre que exista convivencia.

c) Actuar contra la violencia que, como manifestación de la discriminación, la situación de desigualdad y las relaciones de poder de los hombres sobre las mujeres, se ejerce sobre estas por parte de quienes sean sus cónyuges o de quienes estén ligados a ellas por relaciones similares de afectividad, siempre que exista convivencia.

d) Actuar contra la violencia que, como manifestación de la discriminación, la situación de desigualdad y las relaciones de poder de los hombres sobre las mujeres, se ejerce sobre estas por parte de quienes sean sus cónyuges o de quienes estén ligados a ellas por relaciones similares de afectividad, aun sin convivencia.

26. Conforme al artículo 2 de la LO 1/2004, un principio rector de esta ley es consagrar los derechos de las mujeres víctimas de violencia de género exigibles ante las Administraciones Públicas, y así asegurar un acceso a los servicios establecidos al efecto, rápido, transparente y:

a) Eficaz.

b) Duradero.

c) Seguro.

d) Económico.

27. Según el artículo 2 de la LO 1/2004, uno de los fines a alcanzar a través del conjunto integral de medidas articulado en esta ley es, garantizar derechos económicos para las mujeres víctimas de violencia de género:

a) Así como establecer un sistema para la más eficaz coordinación de los servicios ya existentes a nivel municipal y autonómico.

b) Para asegurar la prevención de los hechos de violencia de género.

c) Con el fin de facilitar su integración social.

d) Promoviendo la colaboración y participación de las entidades, asociaciones y organizaciones que desde la sociedad civil actúan contra la violencia de género.

28. Conforme al artículo 3 de la LO 1/2004, el Plan Nacional de Sensibilización y Prevención de la Violencia de Género debe dirigirse tanto a hombres como a mujeres desde un trabajo comunitario y:

a) Multidisciplinar.

b) Integral.

c) Complementario.

d) Intercultural.

29. Conforme al artículo 3 de la LO 1/2004, con el fin de prevenir la violencia de género, en el marco de sus competencias, los poderes públicos deben impulsar:

a) Cursos de información y sensibilización.

b) Campañas de información y sensibilización.

c) Programas de información y sensibilización.

d) Jornadas de información y sensibilización.

30. La Ley Orgánica de Medidas de Protección integral contra la Violencia de Género, determina que desarrollar actividades en la resolución pacífica de conflictos y fomentar el respeto a la dignidad de las personas y a la igualdad entre hombres y mujeres, estará incluido entre los objetivos de:

a) La Educación Secundaria Obligatoria.

b) El Bachillerato y la Formación Profesional.

c) Las Universidades.

d) La enseñanza para las personas adultas.

31. Según la Ley Orgánica de Medidas de Protección integral contra la Violencia de Género, contribuirá a desarrollar en el alumnado su capacidad para adquirir habilidades en la resolución pacífica de conflictos y para comprender y respetar la igualdad entre sexos:

a) La educación infantil.

b) La educación primaria.

c) La educación secundaria obligatoria.
d) El bachillerato.

32. Cuando las víctimas de violencia de género careciesen de rentas superiores, en cómputo mensual, al 75 por 100 del salario mínimo interprofesional, excluida la parte proporcional de dos pagas extraordinarias, recibirán una ayuda de pago único, siempre que se presuma que debido a su edad, falta de preparación general o especializada y circunstancias sociales, la víctima tendrá especiales dificultades para obtener un empleo y por dicha circunstancia no participará en los programas de empleo establecidos para su inserción profesional. El importe de esta ayuda será equivalente:

a) Al de 3 meses de subsidio por desempleo.
b) Al de 6 meses de subsidio por desempleo.
c) Al de 9 meses de subsidio por desempleo.
d) Al de 12 meses de subsidio por desempleo.

33. La organización de los servicios sociales de atención, de emergencia, de apoyo y acogida y de recuperación integral por parte de las Comunidades Autónomas y las Corporaciones Locales, para las mujeres víctimas de violencia de género responderá a varios principios recogidos en el artículo 19 de la Ley orgánica 1/2004. Señalar cuál de los siguientes no es correcto:

a) Multidisciplinariedad profesional.
b) Actuación urgente.
c) Atención alterna.
d) Especialización de prestaciones.

34. Las empresas que formalicen contratos de interinidad para sustituir a trabajadoras víctimas de violencia de género que hayan suspendido su contrato de trabajo, tendrán derecho a una bonificación durante todo el período de suspensión de la trabajadora sustituida del siguiente porcentaje de las cuotas empresariales a la Seguridad Social por contingencias comunes:

a) 30 %.
b) 50 %.
c) 60 %.
d) 100 %.

35. A las trabajadoras por cuenta propia víctimas de violencia de género que cesen en su actividad para hacer efectiva su protección o su derecho a la asistencia social integral, se les suspenderá la obligación de cotización durante un período que les será considerado como de cotización efectiva a efectos de las prestaciones de Seguridad Social, de:

a) 6 meses.
b) 9 meses.

c) 1 año.
d) 18 meses.

36. Según el artículo 12 de la Ley Orgánica 1/2004, de 28 de diciembre, de Medidas de Protección Integral contra la Violencia de Género, no es uno de los titulares de la acción de cesación y rectificación, en el ámbito de la publicidad ilícita por utilizar en forma vejatoria la imagen de la mujer:

a) El Instituto de la Mujer.
b) El Ministerio Fiscal.
c) Las Asociaciones que tengan como uno de sus objetivos la defensa de los intereses de la mujer.
d) La Delegación del Gobierno contra la Violencia de Género.

37. Señala la palabra que falta en la siguiente frase. Las Administraciones educativas adoptarán las medidas necesarias para que en los planes de formación inicial y permanente del profesorado se incluya una formación específica en materia de igualdad, con el fin de asegurar que adquieren los conocimientos y las técnicas necesarias que les habiliten para el fomento de actitudes encaminadas al ejercicio de iguales derechos y obligaciones por parte de mujeres y hombres, tanto en el ámbito público como privado, y la ………………….. entre los mismos en el ámbito doméstico.

a) Transversalidad.
b) Alternancia.
c) Independencia.
d) Corresponsabilidad.

38. Según la Ley Orgánica de Medidas de Protección integral contra la Violencia de Género, la difusión de informaciones relativas a la violencia sobre la mujer garantizará, con la correspondiente objetividad informativa, la defensa de los derechos humanos, la libertad y dignidad de las mujeres víctimas de violencia y de sus hijos. En particular, se tendrá especial cuidado en:

a) El tratamiento gráfico de las informaciones.
b) La descripción de las vejaciones.
c) Respetar la presunción de inocencia.
d) Preservar la identidad del maltratador.

39. Señala la respuesta correcta. En relación al derecho a la asistencia jurídica, la Ley Orgánica de Medidas de Protección integral contra la Violencia de Género señala que:

a) En caso de fallecimiento de la víctima, este derecho no podrá asistir a los causahabientes.
b) Las víctimas de violencia de género tienen derecho a recibir asesoramiento jurídico gratuito una vez se haya interpuesto la denuncia.

c) Las fuerzas y cuerpos de seguridad adoptarán las medidas necesarias para la designación urgente de letrado de oficio en los procedimientos que se sigan por violencia de género.

d) En todo caso, se garantizará la defensa jurídica, gratuita y especializada de forma inmediata a todas las víctimas de violencia de género que lo soliciten.

40. Las ausencias o faltas de puntualidad al trabajo motivadas por la situación física o psicológica derivada de la violencia de género se considerarán:

a) Justificadas, cuando así lo determinen las autoridades judiciales.

b) Justificadas en todo caso.

c) Justificadas, cuando así lo determinen los servicios sociales de atención o servicios de salud, según proceda.

d) Faltas leves.

41. Según el artículo 107 del Estatuto de Autonomía de Andalucía, en los nombramientos y designaciones de instituciones y órganos que corresponda efectuar al Parlamento de Andalucía regirá el principio de:

a) No discriminación por razón de sexo.

b) Alternancia de sexos, en cremallera.

c) Presencia equilibrada entre hombres y mujeres.

d) Igualdad de oportunidades.

42. Según el artículo 7 de la Ley 12/2007, de 26 de noviembre, para la promoción de la igualdad de género en Andalucía, el Consejo de Gobierno de la Junta de Andalucía formulará un Plan Estratégico para la Igualdad de Mujeres y Hombres en Andalucía, con la participación de:

a) Todas las consejerías.

b) El Gobierno de la Nación.

c) El Parlamento de Andalucía.

d) Las Entidades Locales.

43. Según el artículo 13 de la Ley 12/2007, de 26 de noviembre, para la promoción de la igualdad de género en Andalucía, la Administración de la Junta de Andalucía incorporará a las bases reguladoras de las subvenciones públicas la valoración de actuaciones de efectiva consecución de la igualdad de género por parte de las entidades solicitantes:

a) En todo caso.

b) Salvo que, por Ley, se exima expresamente de tal valoración.

c) Salvo en aquellos casos en que, por la naturaleza de la subvención o de las entidades solicitantes, esté justificada su no incorporación.

d) Salvo que se trate de subvenciones de carácter sectorial.

44. El artículo 29 de la Ley 13/2007 dispone la obligación de la Administración de la Junta de Andalucía, respecto a hijos e hijas y de menores a su cargo, que se vean afectados por un cambio de residencia como consecuencia de la violencia de género, de garantizar:

a) La adaptación al medio.
b) La protección social.
c) La atención psicológica.
d) La escolarización inmediata.

45. Ofrecen una acogida temporal a las mujeres y menores que las acompañen, garantizándoles una atención integral multidisciplinar, para que las mujeres sean capaces de recuperarse de los efectos de la violencia padecida:

a) Los centros de emergencia.
b) Las casas de acogida.
c) Las residencias públicas.
d) Los pisos tutelados.

Solución al test n.º 3

1. b) Igualdad de trato y de oportunidades entre mujeres y hombres.

2. a) A toda persona, física o jurídica, que se encuentre o actúe en territorio español, cualquiera que fuese su nacionalidad, domicilio o residencia.

3. c) Es un principio informador del ordenamiento jurídico.

4. b) Se garantizará incluso en el acceso al trabajo por cuenta propia.

5. a) Discriminación directa.

6. c) No se considera discriminación indirecta si dicha disposición, criterio o práctica pueden justificarse objetivamente en atención a una finalidad legítima y los medios para alcanzar dicha finalidad son necesarios y adecuados.

7. d) En cualquier caso se considera discriminatoria, sea directa o indirecta.

8. a) Acto de discriminación por razón de sexo.

9. b) Discriminación por razón de sexo.

10. d) Disuasorio.

11. b) Nulos y sin efecto.

12. d) Proporcionadas.

13. b) Incluso tras la terminación de la relación en la que supuestamente se ha producido la discriminación.

14. c) Las personas físicas y jurídicas con interés legítimo.

15. b) Sobre acoso sexual y acoso por razón de sexo.

16. d) El compromiso.

17. a) Conciliación y corresponsabilidad.

18. b) Transversal.

19. a) Procurarán atender al principio de presencia equilibrada de mujeres y hombres en los nombramientos y designaciones de los cargos de responsabilidad que les correspondan.

20. d) Periódicamente.

21. b) A las Cortes Generales.

22. d) Un informe sobre su impacto por razón de género.

23. d) Planes Municipales de organización del tiempo de la ciudad.

24. a) Difusa.

25. a) Actuar contra la violencia que, como manifestación de la discriminación, la situación de desigualdad y las relaciones de poder de los hombres sobre las mujeres, se ejerce sobre estas por parte de quienes sean o hayan sido sus cónyuges o de quienes estén o hayan estado ligados a ellas por relaciones similares de afectividad, aun sin convivencia.

26. a) Eficaz.

27. c) Con el fin de facilitar su integración social.

28. d) Intercultural.

29. b) Campañas de información y sensibilización.

30. d) La enseñanza para las personas adultas.

31. b) La educación primaria.

32. b) Al de 6 meses de subsidio por desempleo.

33. c) Atención alterna.

34. d) 100 %.

35. a) 6 meses.

36. c) Las Asociaciones que tengan como uno de sus objetivos la defensa de los intereses de la mujer.

37. d) Corresponsabilidad.

38. a) El tratamiento gráfico de las informaciones.

39. d) En todo caso, se garantizará la defensa jurídica, gratuita y especializada de forma inmediata a todas las víctimas de violencia de género que lo soliciten.

40. c) Justificadas, cuando así lo determinen los servicios sociales de atención o servicios de salud, según proceda.

41. c) Presencia equilibrada entre hombres y mujeres.

42. d) Las Entidades Locales.

43. c) Salvo en aquellos casos en que, por la naturaleza de la subvención o de las entidades solicitantes, esté justificada su no incorporación.

44. d) La escolarización inmediata.

45. b) Las casas de acogida.

TEST N.º 4

Prevención de riesgos laborales y protección de la seguridad y salud en el trabajo: Derechos y obligaciones del empresario y los trabajadores. Los delegados de Prevención. El Comité de Seguridad y Salud

1. Los representantes de los trabajadores con competencia en materia de prevención de riesgos laborales son:

a) Los miembros de la Junta de personal, Junta Facultativo y Junta de Enfermería.
b) Los técnicos de prevención de riesgos laborales.
c) El Servicio de Medicina Preventiva.
d) Los delegados de prevención.

2. ¿Qué se entiende por "riesgo laboral"?

a) La posibilidad de que un trabajador sufra un determinado daño derivado del trabajo.
b) La posibilidad de que un trabajador sufra una enfermedad en el trabajo.
c) La posibilidad de que un trabajador sufra acoso.
d) El riesgo que supone el ir a trabajar.

3. ¿Quién debe garantizar a los trabajadores la vigilancia periódica de su estado de salud en función de los riesgos inherentes al trabajo?

a) La Inspección de Trabajo.
b) El propio trabajador.
c) El empresario.
d) Las secciones sindicales.

4. El derecho básico reconocido a los trabajadores por la Ley 31/1995, de 8 de noviembre, es:

a) La vigilancia de su estado de salud.
b) Una protección eficaz en materia de seguridad y salud en el trabajo.
c) La formación en materia preventiva.
d) La información, consulta y participación.

5. Indicar cuál es la definición de prevención:

a) La probabilidad racional de que un riesgo se materialice de forma inminente.

b) El estudio de los procesos potencialmente peligrosos para el trabajo.

c) Conjunto de actividades o medidas adoptadas o previstas en todas las fases de actividad de la empresa con el fin de evitar o disminuir los riesgos derivados del trabajo.

d) Posibilidad de que un trabajador sufra un determinado daño derivado del trabajo.

6. Señala la respuesta incorrecta:

a) La Ley de Prevención de Riesgos Laborales se aplica a los operativos de Seguridad civil en casos de catástrofe.

b) La Ley de Prevención de Riesgos Laborales se aplica a las sociedades cooperativas.

c) En el ámbito de la relación laboral de carácter especial del servicio del hogar familiar, las personas trabajadoras tienen derecho a una protección eficaz en materia de seguridad y salud en el trabajo.

d) En los establecimientos penitenciarios, se adaptarán a la Ley de Prevención de Riesgos Laborales aquellas actividades cuyas características justifiquen una regulación especial.

7. ¿Cuál es la vigente Ley de Prevención de Riesgos Laborales?

a) Ley 32/1995, de 8 de noviembre.

b) Ley 30/1996, de 8 de noviembre.

c) Ley 31/1995, de 6 de noviembre.

d) Ley 31/1995, de 8 de noviembre.

8. Entre los principios de la acción preventiva recogidos por el artículo 15 de la Ley de Prevención de Riesgos Laborales, no figura:

a) Evitar los riesgos.

b) Evaluar los riesgos que se puedan evitar.

c) Tener en cuenta la evolución de la técnica.

d) Dar las debidas instrucciones a los trabajadores.

9. ¿Cuántos delegados de prevención se deberán elegir en empresas entre 3001 y 4000 trabajadores?

a) 5.

b) 6.

c) 7.

d) 8.

10. En las empresas de hasta 30 trabajadores el Delegado de Prevención será:

a) El propio empresario.

b) El trabajador más antiguo.

c) El trabajador de mayor cualificación.
d) El delegado de personal.

11. Según la Ley de Prevención de Riesgos Laborales, se constituirá un Comité de Seguridad y Salud en todas las empresas o centros de trabajo que cuenten con:

a) 30 o más trabajadores.
b) 50 o más trabajadores.
c) 75 o más trabajadores.
d) 100 o más trabajadores.

12. Entre las obligaciones de los trabajadores recogidas por la Ley de Prevención de Riesgos Laborales, no figura:

a) Informar directamente al empresario de cualquier situación que entrañe riesgo para la seguridad o salud de los trabajadores.
b) Contribuir al cumplimiento de las obligaciones establecidas por la autoridad competente con el fin de proteger la seguridad y la salud de los trabajadores en el trabajo.
c) Cooperar con el empresario para que este pueda garantizar unas condiciones de trabajo que sean seguras y no entrañen riesgos para la seguridad y la salud de los trabajadores.
d) Utilizar correctamente los medios y equipos de protección facilitados por el empresario, de acuerdo con las instrucciones recibidas de este.

13. La Ley 31/1995, de 8 de noviembre, de Prevención de Riesgos Laborales, ¿se aplica a los empleados de la Administración Pública?

a) Sí, sin distinciones.
b) A los funcionarios sí, al personal laboral no.
c) Al personal laboral sí, a los funcionarios no.
d) No se aplica ni a funcionarios ni a personal laboral.

14. El órgano paritario y colegiado de participación destinado a la consulta regular y periódica de las actuaciones de la empresa en materia de prevención de riesgos, es:

a) El Comité de Empresa.
b) El Consejo de Vigilancia de la Prevención.
c) La Comisión de Evaluación de Riesgos Laborales.
d) El Comité de Seguridad y Salud.

15. ¿Qué capítulo de la Ley 31/1995, de Prevención de Riesgos Laborales se refiere a los derechos y obligaciones?

a) Capítulo 2.
b) Capítulo 3.

c) Capítulo 4.
d) Capítulo 5.

16. La acción preventiva en la empresa:

a) Se planificará por el Comité de Seguridad y Salud a partir de una evaluación inicial de riesgos.

b) Se planificará por los Delegados de Prevención a partir de una evaluación inicial de riesgos.

c) Se planificará por el empresario a partir de una evaluación inicial de riesgos.

d) Se planificará por los Delegados de Personal a partir de una evaluación inicial de riesgos.

17. ¿Cuándo se deben utilizar los equipos de protección individual?

a) Siempre.
b) Cuando los riesgos no hayan sido evaluados.
c) Cuando los riesgos no se puedan evitar o no puedan limitarse.
d) Cuando el trabajador lo estime oportuno.

18. Cuando los trabajadores estén expuestos a un riesgo grave e inminente con ocasión de su trabajo, y el empresario no adopte o no permita la adopción de las medidas necesarias para garantizar la seguridad y la salud de los trabajadores, la Ley 31/1995, de 8 de noviembre, de Prevención de Riesgos Laborales prevé:

a) Los trabajadores afectados podrán paralizar la actividad.

b) El órgano de representación del personal instará formalmente al empresario a la adopción de las medidas necesarias.

c) Los Delegados de Prevención lo comunicarán a la autoridad laboral, que adoptará las medidas necesarias.

d) El órgano de representación de personal podrá acordar la paralización de la actividad.

19. ¿Pueden los trabajadores efectuar propuestas al empresario y a los órganos de participación para mejorar los niveles de protección de la seguridad y salud en la empresa?

a) No.
b) Sí.
c) Según el tamaño de la empresa.
d) Según el número de trabajadores.

20. Según establece el art. 4 de la Ley 31/1995, de 8 de noviembre, de Prevención de Riesgos Laborales, se define como daños derivados del trabajo:

a) La posibilidad de que un trabajador sufra un determinado daño derivado del trabajo.

b) El que resulte probable racionalmente que se materialice en un futuro inmediato y pueda suponer un daño grave para la salud de los trabajadores.

c) Las enfermedades, patologías o lesiones sufridas con motivo u ocasión del trabajo.

d) Cualquier máquina, aparato, instrumento o instalación utilizada en el trabajo.

21. ¿Debe el trabajador prestar su consentimiento para que le realicen vigilancia de la salud?

a) No.

b) Sí.

c) Depende del número de trabajadores de la empresa.

d) Esta prestación es solo para personal fijo en la empresa.

22. El art. 21 de la LPRL establece los requisitos y el procedimiento para que los representantes legales de los trabajadores acuerden la paralización de la actividad de los trabajadores que están o puedan estar expuestos a un riesgo grave e inminente si el empresario no adopta las medidas necesarias para garantizar la seguridad y salud de los trabajadores. La medida será adoptada por:

a) Acuerdo por mayoría absoluta de sus miembros. Tal acuerdo será comunicado de inmediato a la empresa y a la autoridad laboral, la cual, en el plazo de 48 horas, anulará o ratificará la paralización acordada.

b) Acuerdo por mayoría de 2/3 de sus miembros. Tal acuerdo será comunicado de inmediato a la empresa y a la autoridad laboral, la cual, en el plazo de 24 horas, anulará o ratificará la paralización acordada.

c) Acuerdo por mayoría de sus miembros. Tal acuerdo será comunicado de inmediato a la empresa y a la autoridad laboral, la cual, en el plazo de 48 horas, anulará o ratificará la paralización acordada.

d) Acuerdo por mayoría de sus miembros. Tal acuerdo será comunicado de inmediato a la empresa y a la autoridad laboral, la cual, en el plazo de 24 horas, anulará o ratificará la paralización acordada.

23. El art. 23 de la LPRL establece la documentación que el empresario debe elaborar y conservar a disposición de la autoridad laboral. En las siguientes no está incluido:

a) El Plan de prevención de riesgos laborales.

b) Evaluación de los riesgos para la seguridad y la salud en el trabajo.

c) La planificación de la actividad laboral.

d) La relación de accidentes de trabajo y enfermedades profesionales que hayan causado al trabajador una incapacidad laboral superior a un día de trabajo.

24. El art. 29 de la LPRL establece las obligaciones de los trabajadores en materia de prevención de riesgos. De las siguientes no se considera una obligación del trabajador:

a) Utilizar correctamente los medios y equipos de protección facilitados por el empresario, de acuerdo con las instrucciones recibidas de este.

b) Usar adecuadamente, de acuerdo con su naturaleza y los riesgos previsibles, las máquinas, aparatos, herramientas, sustancias peligrosas, equipos de transporte y, en general, cualesquiera otros medios con los que desarrollen su actividad.

c) Informar de inmediato a su superior jerárquico directo, y a los trabajadores designados para realizar las actualizaciones que consideren oportunas en el equipo de protección individual.

d) No poner fuera de funcionamiento y utilizar correctamente los dispositivos de seguridad existentes o que se instalen en los medios relacionados con su actividad o en los lugares de trabajo en los que esta tenga lugar.

25. Señala la afirmación incorrecta en relación con el art. 35 de la LPRL:

a) Los Delegados de Prevención son los representantes de los trabajadores con funciones específicas en materia de prevención de riesgos en el trabajo.

b) Los Delegados de Prevención serán designados por y entre los representantes del personal.

c) En una empresa de dos mil quinientos trabajadores existirán 6 Delegados de Prevención.

d) En las empresas de treinta y un trabajadores el Delegado de Prevención será el Delegado de Personal.

26. Cuando el empresario no adopte o no permita adoptar las medidas necesarias para garantizar la seguridad y salud de los trabajadores:

a) Cualquier representante legal de los trabajadores podrá decidir la paralización de la actividad de los trabajadores afectados por el riesgo grave e inminente.

b) Los representantes legales de los trabajadores podrán acordar, por mayoría de sus miembros, la paralización de la actividad de los trabajadores afectados por el riesgo grave e inminente.

c) Los representantes legales de los trabajadores deberán comunicar a la Autoridad Laboral la situación de riesgo grave e inminente para que esta adopte en el plazo máximo de veinticuatro horas las medidas oportunas.

d) Los trabajadores afectados deberán presentar demanda por el incumplimiento del empresario ante el Juzgado de lo Social correspondiente.

27. El incumplimiento por los trabajadores de las obligaciones en materia de prevención de riesgos:

a) Dará lugar a su despido inmediato de la empresa o a la pérdida de la condición de funcionario público.

b) No lleva aparejada ninguna consecuencia si no se producen resultados perjudiciales.

c) Tendrá la consideración de incumplimiento laboral a los efectos previstos en el artículo 58.1 del Estatuto de los Trabajadores o de falta, en su caso, según la normativa sobre régimen disciplinario de los funcionarios públicos o del personal estatutario al servicio de las Administraciones Públicas.

d) Llevará consigo la obligación de indemnizar al empresario en la cuantía que este pacte con los representantes legales de los trabajadores.

28. El posible cambio de puesto de trabajo con riesgo para una trabajadora embarazada:

a) Deberá realizarse en caso de imposibilidad de adaptación del propio puesto.
b) Se hará previo informe en tal sentido del Servicio de Prevención.
c) Se determinará por el empresario, y dará información a los representantes de los trabajadores.
d) Se extenderá al período de lactancia.

29. La prevención de riesgos laborales deberá integrarse en el sistema general de gestión de la empresa a través de:

a) La política preventiva.
b) El plan de prevención.
c) El consenso de las partes.
d) El poder de decisión del empresario.

30. El título del capítulo II de la Ley 31/1995 Prevención de Riesgos Laborales, corresponde a:

a) Derechos y obligaciones.
b) Servicios de Prevención.
c) Política en materia de prevención de riesgos para proteger la seguridad y la salud en el trabajo.
d) Responsabilidad y sanciones.

Solución al test n.º 4

1. d) Los delegados de prevención.

2. a) La posibilidad de que un trabajador sufra un determinado daño derivado del trabajo.

3. c) El empresario.

4. b) Una protección eficaz en materia de seguridad y salud en el trabajo.

5. c) Conjunto de actividades o medidas adoptadas o previstas en todas las fases de actividad de la empresa con el fin de evitar o disminuir los riesgos derivados del trabajo.

6. a) La Ley de Prevención de Riesgos Laborales se aplica a los operativos de Seguridad civil en casos de catástrofe.

7. d) Ley 31/1995, de 8 de noviembre.

8. b) Evaluar los riesgos que se puedan evitar.

9. c) 7.

10. d) El delegado de personal.

11. b) 50 o más trabajadores.

12. a) Informar directamente al empresario de cualquier situación que entrañe riesgo para la seguridad o salud de los trabajadores.

13. a) Sí, sin distinciones.

14. d) El Comité de Seguridad y Salud.

15. b) Capítulo 3.

16. c) Se planificará por el empresario a partir de una evaluación inicial de riesgos.

17. c) Cuando los riesgos no se puedan evitar o no puedan limitarse.

18. d) El órgano de representación de personal podrá acordar la paralización de la actividad.

19. b) Sí.

20. c) Las enfermedades, patologías o lesiones sufridas con motivo u ocasión del trabajo.

21. b) Sí.

22. d) Acuerdo por mayoría de sus miembros. Tal acuerdo será comunicado de inmediato a la empresa y a la autoridad laboral, la cual, en el plazo de 24 horas, anulará o ratificará la paralización acordada.

23. c) La planificación de la actividad laboral.

24. c) Informar de inmediato a su superior jerárquico directo, y a los trabajadores designados para realizar las actualizaciones que consideren oportunas en el equipo de protección individual.

25. d) En las empresas de treinta y un trabajadores el Delegado de Prevención será el Delegado de Personal.

26. b) Los representantes legales de los trabajadores podrán acordar, por mayoría de sus miembros, la paralización de la actividad de los trabajadores afectados por el riesgo grave e inminente.

27. c) Tendrá la consideración de incumplimiento laboral a los efectos previstos en el artículo 58.1 del Estatuto de los Trabajadores o de falta, en su caso, según la normativa sobre régimen disciplinario de los funcionarios públicos o del personal estatutario al servicio de las Administraciones Públicas.

28. a) Deberá realizarse en caso de imposibilidad de adaptación del propio puesto.

29. b) El plan de prevención.

30. c) Política en materia de prevención de riesgos para proteger la seguridad y la salud en el trabajo.

TEST ESPECÍFICOS

TEST N.º 5

Derechos de las personas en sus relaciones con las Administraciones Públicas. La atención, acogida e información del ciudadano. Los diferentes tipos de comunicación. Respuestas ante situaciones conflictivas con los usuarios. Recepción y servicio de atención telefónico

1. En relación con el tipo de comunicación del interesado con la Administración, no es cierto que:

a) Las personas físicas puedan elegir en todo momento si se comunican con las Administraciones Públicas para el ejercicio de sus derechos y obligaciones a través de medios electrónicos o no, salvo que estén obligadas a relacionarse a través de medios electrónicos con las Administraciones Públicas.

b) Las Administraciones puedan establecer la obligación de relacionarse con ellas a través de medios electrónicos para determinados procedimientos y para ciertos colectivos de personas físicas.

c) Las personas jurídicas estén obligadas a relacionarse a través de medios electrónicos con las Administraciones Públicas para la realización de cualquier trámite de un procedimiento administrativo.

d) El medio elegido por la persona para comunicarse con las Administraciones Públicas no puede ser modificado a lo largo del procedimiento.

2. No están obligados a relacionarse a través de medios electrónicos con las Administraciones Públicas para la realización de cualquier trámite de un procedimiento administrativo:

a) Las entidades sin personalidad jurídica.

b) Todo aquel que ostente la representación de un interesado.

c) Quienes ejerzan una actividad profesional para la que se requiera colegiación obligatoria, para los trámites y actuaciones que realicen con las Administraciones Públicas en ejercicio de dicha actividad profesional.

d) Las personas jurídicas.

3. Cuando los interesados se correspondan con colectivos de personas físicas que por razón de su capacidad económica o técnica, dedicación profesional u otros motivos acreditados tengan garantizado el acceso y disponibilidad de los medios tecnológicos precisos:

a) Estarán obligados a utilizar siempre medios electrónicos para comunicarse con la Administración.

b) Podrán elegir el medio con el que comunicarse con la Administración.

c) Las Administraciones Públicas podrán establecer reglamentariamente la obligatoriedad de comunicarse con ellas utilizando solo medios electrónicos.

d) Tendrán las mismas obligaciones que cualquier persona física en su relación con la Administración.

4. Según el artículo 13.g) de la LPACAP, quienes tienen capacidad de obrar ante las Administraciones Públicas, son titulares, en sus relaciones con ellas, del derecho a la obtención y utilización de:

a) Cualquier medio de identificación y firma electrónica.

b) Los medios de identificación y firma electrónica que tenga a su alcance.

c) Los medios de identificación y firma electrónica contemplados en esta ley.

d) Los medios de identificación y firma electrónica, cuando así corresponda legalmente.

5. ¿Pueden las Administraciones Públicas establecer la obligación de relacionarse con ellas a través de medios electrónicos a otros colectivos distintos de los que la LPACAP menciona expresamente en su artículo 14.2?

a) No, solo podrá obligarse a los mencionados en dicho artículo.

b) También están obligados los colectivos de personas físicas que por su capacidad económica tengan acceso a los medios electrónicos necesarios.

c) Sí, para determinados procedimientos, si así se recoge expresamente en una ley.

d) Sí, podrá obligarse reglamentariamente para determinados procedimientos y para ciertos colectivos de personas físicas que, por razón de su capacidad económica, técnica, dedicación profesional u otros motivos quede acreditado que tienen acceso y disponibilidad de los medios electrónicos necesarios.

6. Señala la respuesta incorrecta. La escucha física es una técnica que:

a) Permite tranquilizar y relajar el ánimo del cliente.

b) Utiliza el lenguaje verbal.

c) Refleja la actitud de estar al servicio del cliente.

d) Transmite interés por el problema.

7. Es importante que la voz del ordenanza al teléfono para atender al usuario sea:

a) Clara, monótona y agresiva.

b) Apagada, natural y agradable.

c) Regresiva, con silencios.
d) Agradable, clara y armónica.

8. Señala la opción incorrecta. Cuando el Ordenanza realiza una llamada debe seguir los pasos que se indican a continuación:

a) Saludar.
b) Mantener al usuario en espera.
c) Justificar la llamada.
d) Aplicar la técnica de escucha activa.

9. El *feedback* significa:

a) Alimentación verbal.
b) Impacto emocional.
c) Retroalimentación.
d) Escucha óptima.

10. En cuanto al ciudadano cliente, es falso que:

a) Hay que atender con rapidez y reflexión sus reclamaciones.
b) Toda la empresa pública es responsable de las relaciones con los ciudadanos clientes.
c) Debe sentir interés por parte del informador público para con sus problemas.
d) No espera un trato exquisito, solo quiere que se le resuelva el asunto de su consulta.

11. En el trato a un cliente inquisitivo, es adecuado:

a) Mostrarle conocimientos técnicos.
b) No dar detalles.
c) Mostrar impaciencia.
d) Contradecirse.

12. En el trato a un cliente presuntuoso, no es correcto:

a) Mostrar humildad.
b) Competir con él.
c) Mostrar mucha amabilidad.
d) Adularle alguna vez.

13. En el trato a un cliente escéptico, no es correcto:

a) Mostrar paciencia y perseverancia.
b) Ser sincero.
c) Mantenerse firme y a distancia.
d) Dar garantías.

14. No es correcto, en relación con el comportamiento agresivo de un ciudadano cliente la siguiente afirmación:

a) El agresivo se enfadará con el representante de la Administración, aun sabiendo que no es el culpable de sus problemas.
b) El funcionario no debe perder las buenas maneras y no dar respuestas que puedan ser interpretadas como una provocación.
c) Se intentará frenar la parte irracional de su comportamiento y negociar, haciéndole sentir que su problema nos preocupa.
d) No es conveniente aplicar en esta situación la escucha activa.

15. La atención personalizada al ciudadano no comprende la función de:

a) Recepción y acogida a los ciudadanos.
b) Orientación e información.
c) Gestión.
d) Enjuiciamiento.

16. Para establecer un tono positivo con los clientes que no tienen razón en sus argumentos, hemos de:

a) Decirles que no llevan la razón.
b) Decirles que están equivocados.
c) Hacerles sentir culpables.
d) Esforzarnos en ser positivos en nuestras respuestas.

17. Parafrasear es una forma de asegurar nuestra comprensión del mensaje diciéndole al cliente lo que pensamos o lo que hemos comprendido:

a) Añadiendo la información no incluida por el cliente.
b) Asegurándonos de que nuestro tono incluye juicio.
c) Asegurándonos de que nuestro tono incluye evaluación.
d) Dando a entender al cliente que queremos saber si entendemos adecuadamente su mensaje.

18. Cuando los clientes se acercan a la Administración, a menudo nos encontramos con la tarea de tener que explicar un asunto o un servicio. No es cierto que en la explicación:

a) Nos aseguraremos de dar la información correcta.
b) Evitaremos los tecnicismos, utilizando un lenguaje simple y coloquial y educado.
c) Utilizaremos explicaciones de carrerilla, para no ser desigual con otros clientes.
d) No asumiremos que el cliente sabe de temas de la Administración, facilitándole los detalles imprescindibles.

19. ¿Cuál de las siguientes opciones es correcta en cuanto a convencer al cliente?

a) Convencer es coaccionar al cliente para que este realice algo que no desea.
b) Tenemos que persuadirle.
c) Los ciudadanos quieren creer lo que les decimos.
d) No es tarea del personal de la Administración ganarse la confianza que quieran depositar en él.

20. Para tratar a un cliente enfadado, aplicando la técnica de la escucha física:

a) Miraremos al ciudadano directamente. Esto implica que prestamos toda nuestra atención a la conversación con el cliente.
b) Cruzaremos los brazos o las piernas, para hacer pensar al cliente que estamos dispuestos a escucharle.
c) Le miraremos a los ojos fijamente por largo tiempo.
d) Mantendremos una postura rígida e inamovible.

21. La escucha física es una técnica que nos va a permitir, mediante un lenguaje no verbal, tranquilizar y relajar el ánimo de nuestro cliente. ¿Cuál de las siguientes frases es correcta?

a) Primero la persona, después el problema. Primero los sentimientos, después los hechos.
b) Primero la persona, después los sentimientos. Primero el problema, después los hechos.
c) Primero los sentimientos, después la persona. Primero los hechos, después el problema.
d) Primero el problema, después la persona. Primero los hechos, después los sentimientos.

22. Para disminuir la tensión en una reclamación de un ciudadano agresivo:

a) Hay que sentirse personalmente afectado.
b) Hay que evitar la responsabilidad.
c) Dejar hablar y escuchar.
d) Procurar entrar en discusión.

23. Ante un cliente que solicita información con mucha meticulosidad, numerosas preguntas y una actitud crítica, el trato del informador público debe caracterizarse por:

a) Permanecer impasible.
b) Dar pocos detalles.
c) Aportar conocimientos técnicos.
d) Mantenerse firme.

24. Un cliente acude a una de las oficinas de la Administración demandando información personal que le es necesaria para cumplimentar algunos documentos. Sabemos que los datos están informatizados y puede tener acceso a ellos introduciendo un código en un terminal informático. Por lo tanto, como informador público:

a) Dejaremos que el cliente decida cómo actuar.
b) Nos acercaremos a él con la máxima profesionalidad para intentar ayudarle.

c) Esperaremos y solo si observamos algún error en el proceso, tomaremos la iniciativa.

d) Entablaremos una conversación intrascendente para ganarnos su confianza.

25. Para proporcionar un servicio de calidad que satisfaga a los clientes:

a) Se deben aplicar técnicas de escucha activa, feedback y reformulación.

b) La información debe ser ofrecida por más de un empleado.

c) La prioridad será mantener una buena imagen de la Administración.

d) El empleado público se mantendrá indiferente a las necesidades del ciudadano.

26. Un visitante pregunta a un Ordenanza por una determinada unidad; este le facilitará una información:

a) Totalmente detallada recurriendo incluso al color de las puertas.

b) Clara y sucinta.

c) Que incluya un croquis de las dependencias por donde debe pasar antes de llegar a la unidad.

d) Que indique el recorrido pero advirtiéndole que existen suficientes rótulos indicadores de las unidades o servicios.

27. Los clientes poseen diferentes personalidades y por ello tienen diferentes características. Así, debemos saber que el cliente que avasalla e insulta pertenece al tipo:

a) Hablador.

b) Excitable.

c) Inquisitivo.

d) Irrazonable.

28. El comportamiento agresivo:

a) Se refleja físicamente por el movimiento continuo de manos y brazos.

b) Se da cuando una persona se enfrenta a otra físicamente.

c) Se da cuando la persona afirma claramente, se expresa con franqueza y de manera constructiva.

d) Se da cuando una persona siente temor a actuar de forma agresiva.

29. La diferencia entre una reclamación y una queja es que la primera:

a) Expresa desacuerdo con el trato personal.

b) Expresa insatisfacción con el contenido dado a la demanda.

c) Se basa en una percepción subjetiva que no afecta a todos los clientes por igual.

d) Informa sobre cómo es percibida la calidad de los servicios por los ciudadanos.

30. ¿Cuál de los siguientes elementos básicos de la comunicación se refiere al lenguaje en el que emitimos el mensaje?

a) El emisor.
b) El receptor.
c) El canal.
d) El código.

31. No ayuda a la comunicación:

a) La escucha activa.
b) El *feedback*.
c) La reformulación (fenómeno eco).
d) Utilizar un lenguaje lo más técnico posible.

32. No ayuda a una escucha activa:

a) Estar preparado sobre el tema de que se trata.
b) Escuchar y resumir las ideas básicas.
c) Repetir en esencia lo que ha dicho el interlocutor.
d) No preguntar.

33. No es cierto que el *feedback* (retroalimentación) en la comunicación:

a) Consiste en facilitar a nuestro interlocutor información sobre cómo hemos percibido o entendido lo que nos está comunicando.
b) Consiste en dejar que el otro hable, escuchar atentamente y callar.
c) Puede referirse no solo a la recepción del mensaje sino a expresar de forma verbal el impacto emocional del mismo.
d) Aclara las relaciones entre personas y ayuda a comprender mejor al otro.

34. Es un fallo en la comunicación:

a) Entender lo que queremos entender.
b) Establecer un clima agradable.
c) Estar dispuestos a oír a la otra persona en sus propios términos.
d) Ser comprensivo con las circunstancias del interlocutor.

35. No es una causa de fallos en la comunicación:

a) Entender lo que queremos entender.
b) Nuestro estado emocional condicionador de lo que queremos decir.
c) Estar a la defensiva.
d) Vocalizar al hablar.

36. No ayuda a mejorar nuestra comunicación cuando hablamos:

a) Organizar nuestro pensamiento.
b) Expresarnos con precisión.
c) Encerrar muchas ideas en un enunciado.
d) Hablar con naturalidad.

37. No ayuda a mejorar nuestra comunicación cuando escuchamos:

a) Que el interlocutor advierta que se pone voluntad e interés en entenderle.
b) Utilizar el *feedback* (retroalimentación).
c) Pensar en nuestras respuestas mientras escuchamos.
d) No evaluar ni prejuzgar.

38. El Ordenanza que recibe una reclamación de un cliente:

a) Ha de negarse a recibirla.
b) Debe convencer al usuario para que no la presente.
c) Debe recibir cualquier tipo de reclamación que el usuario quiera presentar.
d) El cliente no puede realizar reclamaciones.

39. En relación con la comunicación no verbal, es falso que:

a) La quietud y el reposo son posturas de clara atención al interlocutor.
b) La quietud ha de ser rígida para mostrar que no se está deseando que el otro acabe de hablar.
c) Comunicamos constantemente nuestro estado emocional a través de inconscientes gestos.
d) Cuando hablamos, nuestra voz comunica una gran cantidad de información no incluida en los sonidos de las palabras que pronunciamos (el paralenguaje).

40. Es importante ofrecer una cálida acogida al ciudadano que llega a veces perdido. La acogida tiene cuatro partes, ¿cuál de las siguientes es incorrecta?

a) Recepción.
b) Saludo.
c) Ponernos a su disposición.
d) Continuar con lo que estábamos haciendo.

Solución al test n.º 5

1. d) El medio elegido por la persona para comunicarse con las Administraciones Públicas no puede ser modificado a lo largo del procedimiento.

2. b) Todo aquel que ostente la representación de un interesado.

3. c) Las Administraciones Públicas podrán establecer reglamentariamente la obligatoriedad de comunicarse con ellas utilizando solo medios electrónicos.

4. c) Los medios de identificación y firma electrónica contemplados en esta ley.

5. d) Sí, podrá obligarse reglamentariamente para determinados procedimientos y para ciertos colectivos de personas físicas que, por razón de su capacidad económica, técnica, dedicación profesional u otros motivos quede acreditado que tienen acceso y disponibilidad de los medios electrónicos necesarios.

6. b) Utiliza el lenguaje verbal.

7. d) Agradable, clara y armónica.

8. b) Mantener al usuario en espera.

9. c) Retroalimentación.

10. d) No espera un trato exquisito, solo quiere que se le resuelva el asunto de su consulta.

11. a) Mostrarle conocimientos técnicos.

12. b) Competir con él.

13. c) Mantenerse firme y a distancia.

14. d) No es conveniente aplicar en esta situación la escucha activa.

15. d) Enjuiciamiento.

16. d) Esforzarnos en ser positivos en nuestras respuestas.

17. d) Dando a entender al cliente que queremos saber si entendemos adecuadamente su mensaje.

18. c) Utilizaremos explicaciones de carrerilla, para no ser desigual con otros clientes.

19. c) Los ciudadanos quieren creer lo que les decimos.

20. a) Miraremos al ciudadano directamente. Esto implica que prestamos toda nuestra atención a la conversación con el cliente.

21. a) Primero la persona, después el problema. Primero los sentimientos, después los hechos.

22. c) Dejar hablar y escuchar.

23. c) Aportar conocimientos técnicos.

24. b) Nos acercaremos a él con la máxima profesionalidad para intentar ayudarle.

25. a) Se deben aplicar técnicas de escucha activa, feedback y reformulación.

26. b) Clara y sucinta.

27. b) Excitable.

28. a) Se refleja físicamente por el movimiento continuo de manos y brazos.

29. b) Expresa insatisfacción con el contenido dado a la demanda.

30. d) El código.

31. d) Utilizar un lenguaje lo más técnico posible.

32. d) No preguntar.

33. b) Consiste en dejar que el otro hable, escuchar atentamente y callar.

34. a) Entender lo que queremos entender.

35. d) Vocalizar al hablar.

36. c) Encerrar muchas ideas en un enunciado.

37. c) Pensar en nuestras respuestas mientras escuchamos.

38. c) Debe recibir cualquier tipo de reclamación que el usuario quiera presentar.

39. b) La quietud ha de ser rígida para mostrar que no se está deseando que el otro acabe de hablar.

40. d) Continuar con lo que estábamos haciendo.

TEST N.º 6

Características y manipulación de máquinas reproductoras, duplicadoras, faxes, encuadernadoras, destructoras de documentos y otras máquinas similares. Revisión y reposición de material de oficina. El papel: tipos y formatos. Grapado y plastificado. Corrección de anomalías y defectos que no requieran calificación técnica especial

1. Para horadar o perforar hojas con objeto de introducirlas en archivadores AZ, utilizaremos:

a) La ensobradora.
b) La guillotina.
c) La taladradora.
d) La cizalla.

2. ¿Qué tipo de escáner se utiliza para escanear elementos frágiles?

a) De rodillo.
b) De tambor.
c) De cama plana.
d) Cenital.

3. Son máquinas reproductoras:

a) Las guillotinadoras.
b) Las encuadernadoras.
c) Los escáneres.
d) Las plastificadoras.

4. Las fotocopiadoras electroestáticas se caracterizan porque:

a) Usan papel normal.
b) El documento original es barrido por un rayo de luz intensa que proyecta la imagen sobre un tambor por donde se distribuye el tóner, que adhiriéndose a la zona donde hay imagen, reproduce el original.

c) La imagen se transfiere al papel que, al calentarse, fija el pigmento sobre la copia.

d) La imagen a reproducir se proyecta directamente sobre el papel especial cuya superficie queda sensibilizada con cargas eléctricas.

5. La medida 420 x 297 mm corresponde a un:

a) A3.
b) A4.
c) B5.
d) B1.

6. En la fase de calentamiento de la fotocopiadora, ¿pueden realizarse copias?

a) Únicamente en las fotocopiadoras profesionales.
b) Sí.
c) No.
d) A veces se pueden realizar en las fotocopiadoras personales.

7. El fax funciona a través de:

a) La línea eléctrica.
b) La línea telefónica.
c) El módem.
d) Ondas de radio.

8. Si vamos a realizar fotocopias sin servirnos del alimentador recirculante de originales, ¿cómo dejaremos la cubierta superior de la máquina?

a) Preferiblemente abierta.
b) Cerrada.
c) Necesariamente abierta.
d) Si la cubierta superior no está cerrada, la máquina no funciona.

9. ¿Qué máquinas hacen al papel inservible e ilegible?

a) Las máquinas destructoras.
b) Las máquinas fresadoras.
c) Las taladradoras.
d) Las cizallas.

10. De las siguientes, es una impresora de impacto:

a) La impresora láser.
b) La impresora multifunción.

c) La impresora de inyección de tinta.
d) La impresora de margarita.

11. Las encuadernadoras:

a) Son máquinas capaces de obtener una copia exacta de un documento original mediante un proceso electrostático.
b) Son máquinas cuya función es la destrucción de papel, de forma que quede absolutamente inservible e ilegible.
c) Se utilizan para ordenar y presentar adecuadamente los documentos, clasificándolos e incorporándoles portadas.
d) Se utilizan para plastificar documentos, con objeto de preservarlos de manchas o del deterioro.

12. La plancha tipográfica en la que se ha reproducido una composición o un grabado para su posterior impresión, se llama:

a) Tóner.
b) Reset.
c) Starter.
d) Cliché.

13. El tóner es:

a) La "tinta" de la fotocopiadora.
b) El alimentador de la fotocopiadora.
c) El sistema de transporte de la fotocopiadora.
d) El tono de impresión requerido para una copia.

14. El "canutillo" es un tipo de:

a) Grapado.
b) Encuadernado.
c) Plastificado.
d) Franqueado.

15. La resma es:

a) Un tipo de papel.
b) Una medida tradicional para contar hojas de papel.
c) Un formato de papel.
d) El papel sobrante después del guillotinado.

16. Los escáneres de las fotocopiadoras son del tipo:

a) Escáneres de rodillo.
b) Escáneres de mano.

c) Escáneres cenitales.
d) Escáneres de cama plana.

17. ¿Qué impresora contiene una esfera con varios caracteres que gira hasta posicionar el carácter pretendido en frente de un pequeño martillo?

a) Impresora de margarita.
b) Impresora de agujas.
c) Impresora láser.
d) Impresora de línea.

18. ¿Qué tres colores utilizan las impresoras para hacer copias a color?

a) Negro, amarillo y cián.
b) Amarillo, cián y magenta.
c) Negro, cián y magenta.
d) Negro, blanco y magenta.

19. Si manejando la fotocopiadora observamos que las copias no salen en su sitio, ¿cómo solucionaremos el problema?

a) Desconectaremos la fotocopiadora de la red eléctrica.
b) Repondremos el papel y/o colocaremos de nuevo la bandeja de papel.
c) Extraeremos el papel con cuidado para no dañar el tambor.
d) Colocaremos correctamente el original en el cristal de exposición.

20. En relación al cambio de consumibles de la fotocopiadora, el Personal Subalterno que tenga encomendadas tareas vinculadas con las fotocopiadoras normalmente solo se ocupará de cambiar:

a) Los fotorreceptores.
b) Los cartuchos de tóner y mantener la carga de papel.
c) Los rodillos de presión.
d) El cable de alimentación a la red eléctrica.

21. ¿En qué tipo de máquina la tinta atraviesa una tela sedosa que la uniformiza antes de llegar al papel y para ello se escribe a máquina sobre un cliché poroso que ha sido impermeabilizado a la tinta con una capa de cera y al pulsar las teclas, las letras correspondientes quitan la cera, perforando la matriz y por estos huecos pasa la tinta hasta las hojas de papel a imprimir?

a) Las xerográficas.
b) Los hectógrafos.
c) Las reprográficas.
d) Los ciclóstilos.

22. ¿Cómo se llama el dispositivo periférico que permite convertir la información que contiene un documento en papel en un archivo digital?

a) Fotocopiadora.
b) Multicopista.
c) Escáner.
d) Fax.

23. Si la máquina multicopista está encendida y la fuente de alimentación proporciona menos del 90% de la cantidad especificada, podemos esperar que:

a) Disminuya la velocidad de impresión.
b) Disminuya la densidad de la imagen.
c) Disminuya la calidad de la copia.
d) Aparezcan marcas del rodillo de alimentación.

24. ¿Cuál de las siguientes características no es propia del formato GIF?

a) Admite una paleta de hasta 16 millones de colores.
b) Es un formato idóneo para publicar dibujos en la web.
c) Profundidad de color de 8 bits.
d) Diseñado específicamente para comprimir imágenes digitales.

25. ¿Qué tipo de máquina utilizaremos para cortar 50 folios?

a) Guillotina.
b) Cizalla.
c) Cizalla de rodillo.
d) Cizalla de palanca.

26. Cuando hablamos de formatos de papel, ¿cuál es la versión oficial vigente en España de la Norma Internacional y de la Norma Europea de la ISO 216?

a) La UNE-EN-ISO 216:2008.
b) DIN 476.
c) ISO/DIN.
d) UNE 2008.

27. En cuanto a los formatos de papel, ¿qué serie fue establecida principalmente para formatos de sobres?

a) A.
b) B.
c) C.
d) D.

28. ¿Qué formato de papel de la serie A se suele usar para dibujos técnicos, planos o pósteres?

a) A0.
b) A1.
c) A2.
d) A3.

29. ¿Qué tamaño de papel se define como la media geométrica del tamaño de A(n) y el tamaño de A(n-1)?

a) Serie A.
b) Serie B.
c) Serie C.
d) Serie D.

30. ¿Cuál es el elemento esencial de una multicopista?

a) El cliché.
b) La placa de cristal.
c) El tambor.
d) El panel de control.

Nota*: dispones de preguntas sobre las distintas áreas de mantenimiento en nuestro Curso MAD360.*

Solución al test n.º 6

1. c) La taladradora.

2. d) Cenital.

3. c) Los escáneres.

4. d) La imagen a reproducir se proyecta directamente sobre el papel especial cuya superficie queda sensibilizada con cargas eléctricas.

5. a) A3.

6. c) No.

7. b) La línea telefónica.

8. b) Cerrada.

9. a) Las máquinas destructoras.

10. d) La impresora de margarita.

11. c) Se utilizan para ordenar y presentar adecuadamente los documentos, clasificándolos e incorporándoles portadas.

12. d) Cliché.

13. a) La "tinta" de la fotocopiadora.

14. b) Encuadernado.

15. b) Una medida tradicional para contar hojas de papel.

16. d) Escáneres de cama plana.

17. a) Impresora de margarita.

18. b) Amarillo, cian y magenta.

19. d) Colocaremos correctamente el original en el cristal de exposición.

20. b) Los cartuchos de tóner y mantener la carga de papel.

21. d) Los ciclóstilos.

22. c) Escáner.

23. c) Disminuya la calidad de la copia.

24. a) Admite una paleta de hasta 16 millones de colores.

25. a) Guillotina.

26. a) La UNE-EN-ISO 216:2008.

27. c) C.

28. a) A0.

29. b) Serie B.

30. a) El cliché.

TEST N.º 7

Correspondencia. Tipos de envíos. Nociones básicas sobre certificados postales y notificaciones. Acuse de recibo. Depósito, entrega, recogida y distribución de correspondencia y objetos. Almacenamiento y traslado de materiales y enseres. Manipulación manual de cargas

1. ¿Cuál de los siguientes envíos postales se considera también un envío de correspondencia?

a) Libros.
b) Tarjetas postales.
c) Catálogos.
d) Diarios y publicaciones periódicas.

2. Los envíos postales, en tanto no lleguen a poder del destinatario:

a) Son propiedad del servicio postal.
b) Son propiedad del destinatario una vez depositados por el remitente.
c) Son propiedad del remitente.
d) Carecen de propietario.

3. Cualquier servicio consistente en la recogida, la admisión, la clasificación, el transporte, la distribución y la entrega de envíos postales, es:

a) Un servicio postal.
b) Un servicio universal.
c) Un servicio postal universal.
d) Un servicio estándar de correspondencia.

4. Se incluye en el ámbito del servicio postal universal las actividades de recogida, admisión, clasificación, transporte, distribución y entrega de cartas y tarjetas postales que contengan comunicaciones escritas en cualquier tipo de soporte:

a) Sin excepción.
b) De hasta 2 kg de peso.

c) De entre 100 y 1000 gramos.
d) De hasta 10 kg de peso.

5. Cada servicio integrado en el servicio postal universal incluirá la recogida, admisión, clasificación, tratamiento, curso, transporte, distribución y entrega de:

a) Paquetes postales cuyo peso no exceda de 2 kilogramos.
b) Cartas y tarjetas postales de hasta 10 kilogramos de peso.
c) Cartas y tarjetas postales de hasta 5 kilogramos de peso.
d) Paquetes postales cuyo peso no exceda de 20 kilogramos.

6. ¿Quién tiene la condición de operador designado por el Estado para prestar el servicio postal universal?

a) La Sociedad Estatal Correos y Telégrafos, Sociedad Anónima.
b) Cualquier operador postal con base en territorio español que lo solicite.
c) Las reglas de la competencia impiden que el Estado pueda designar un operador.
d) Correos y Telégrafos es el operador prestador del servicio postal universal por derecho propio, no por designación.

7. ¿Qué artículo de la Constitución garantiza el secreto de las comunicaciones y, en especial, de las postales, telegráficas y telefónicas?

a) El artículo 16.
b) El artículo 19.
c) El artículo 14.
d) El artículo 18.

8. Los envíos postales son:

a) Personales.
b) Cerrados.
c) Inviolables.
d) Normalizados.

9. ¿Cuál de estas condiciones no es propia de una carta?

a) Carácter actual.
b) Envío cerrado.
c) Comunicación materializada en forma escrita sobre soporte físico de cualquier naturaleza.
d) Contenido conocido.

10. ¿Cuál de estas condiciones no es propia de una tarjeta postal?

a) Pieza rectangular de cartulina consistente o material similar.
b) Que circule en sobre abierto.

c) Que circule al descubierto.

d) Que contenga un mensaje de carácter actual y personal.

11. Señalar la opción incorrecta:

a) La indicación del término de "tarjeta postal" en los envíos individuales no implica esta clasificación postal a menos que tenga carácter actual y personal.

b) Los envíos de recibos, facturas, documentos de negocios, estados financieros y cualesquiera otros mensajes que no sean idénticos, tienen la consideración de cartas.

c) Se entiende por envío postal el envío con destinatario, preparado en la forma definitiva en la que deba ser transportado por el operador del servicio postal universal.

d) No podrán constituir paquetes postales los lotes o agrupaciones de las cartas o cualquier otra clase de correspondencia actual y personal.

12. Para que un envío sea considerado de publicidad directa deberá remitirse:

a) A un mínimo de 500 destinatarios.

b) A un mínimo de 1000 destinatarios.

c) A un mínimo de 100 destinatarios.

d) A una pluralidad de destinatarios.

13. ¿Cuál de estas características no es propia de los envíos de publicidad directa?

a) Que su distribución se efectúe en sobre abierto, para facilitar la inspección postal.

b) Que esté formado por cualquier comunicación que consista únicamente en anuncios, estudios de mercado o publicidad.

c) Que en su cubierta figure la expresión "P. D." a efectos de facilitar la identificación de estos envíos.

d) Que no se dirijan a destinatarios concretos sino a zonas de reparto en particular.

14. Señalar la opción correcta:

a) Para que un envío pueda considerarse catálogo ha de remitirse a más de 200 destinatarios.

b) El material fonográfico y videográfico tendrá el mismo tratamiento que los libros.

c) La distribución de catálogos se hará en sobre cerrado a diferencia de los envíos de publicidad directa.

d) Para que un envío se considere "libro" ha de tratarse de publicaciones encuadernadas.

15. De acuerdo con su régimen de prestación, los servicios postales se clasifican en:

a) Servicios prestados en régimen ordinario y servicios prestados en régimen de servicio especial.

b) Servicios prestados en régimen general y servicios prestados en régimen de servicio extraordinario.

c) Servicios prestados en régimen individual y servicios prestados en régimen de servicio colectivo.

d) Servicios prestados en régimen normal y servicios prestados en régimen de servicio especializado.

16. ¿Dónde se consignará la palabra "CERTIFICADO" (o la etiqueta al uso) en los envíos certificados que circulen en el ámbito nacional?

a) En el ángulo superior izquierdo del anverso del envío.
b) En el ángulo superior derecho del anverso del envío.
c) En el ángulo superior izquierdo del reverso del envío.
d) En el centro de la parte superior del anverso del envío.

17. ¿Cuál de las siguientes afirmaciones es correcta?

a) La notificación es un requisito de validez del acto administrativo.

b) La recepción de un envío certificado se garantiza mediante la firma del destinatario o una persona autorizada.

c) Cuando se practique la notificación en el domicilio de la persona interesada y no se halle presente ésta en el momento de la entrega, se intentará una segunda notificación dentro de los 3 días siguientes y en la misma franja horaria.

d) Los servicios de recogida, admisión, clasificación, entrega, tratamiento, curso, transporte y distribución de los envíos interurbanos y transfronterizos, certificados o no, de las cartas y de las tarjetas postales, siempre que su peso sea igual o inferior a 500 gramos, no podrán considerarse rápidos cuando el precio efectivamente cobrado por ellos no sea, al menos, tres veces superior al montante de la tarifa pública correspondiente para los envíos ordinarios de objetos de la primera escala de peso de la categoría normalizada más rápida.

18. Señala la opción incorrecta. Según el Título II de la Ley 43/2010, de 30 de diciembre, del servicio postal universal, los derechos de los usuarios y del mercado postal son los siguientes:

a) Secreto de las comunidades postales.
b) Protección de datos.
c) Detención arbitraria.
d) Inviolabilidad de los envíos postales.

19. Una comunicación formal de un acto administrativo, de la que se hace depender la eficacia de aquel, es:

a) Un certificado.
b) Un acuse de recibo.
c) Un telegrama.
d) Una notificación.

20. En el ámbito nacional, no puede acompañarse de un servicio adicional de acuse de recibo, el servicio de:

a) Notificación.
b) Giro postal.
c) Paquete azul.
d) Carta ordinaria.

21. Señala la opción incorrecta. Los telegramas:

a) Son una transmisión segura e inmediata.
b) Tiene valor de prueba ante jueces y tribunales.
c) El destinatario recibe el escrito original.
d) El servicio de Correos otorga una copia certificada al remitente que lo solicite, como prueba legal frente a terceros.

22. Los telegramas nacionales se entregan en un máximo de:

a) 24 horas (en el mismo día para envíos antes de las 12,45 horas, con destino en localidades con reparto especial; a la mañana del día siguiente hábil para el resto).
b) 48 horas.
c) 72 horas.
d) 10 horas.

23. El servicio consistente en el previo pago de una cantidad predeterminada a tanto alzado para establecer una garantía fija contra los riesgos de pérdida, sustracción o deterioro del envío son:

a) Giros.
b) Certificados.
c) Notificaciones.
d) Reembolsos.

24. Consiste en que la entrega de un envío al destinatario se realiza previo abono por parte de este de la cantidad que figura en el envío (la que quiere cobrar el remitente del envío):

a) El servicio de giro postal.
b) El servicio de reembolso.
c) El servicio de valor declarado.
d) El servicio de certificado.

25. El importe mínimo a cobrar en domicilio por un servicio de reembolso (mediante giro ordinario) es de:

a) 0,01 €.
b) 1 €.

c) 10 €.
d) 20 €.

26. El plazo para el cobro de los giros en destino termina:

a) El día 20 del mes siguiente al de su imposición o el posterior hábil, si aquel fuere festivo.
b) El día 25 del mes siguiente al de su imposición o el anterior hábil, si aquel fuere festivo.
c) El día 25 del mes siguiente al de su imposición o el posterior hábil, si aquel fuere festivo.
d) El último día del mes siguiente al de su imposición o el posterior hábil, si aquel fuere festivo.

27. Previa exhibición del correspondiente resguardo, podrá reclamarse el importe de los giros por parte del remitente o de sus legítimos derechohabientes:

a) Antes del día 25 del mes siguiente al de su imposición, o el posterior hábil.
b) Durante el plazo de tres meses desde la fecha de imposición.
c) Durante el plazo de un año desde la fecha de imposición.
d) Durante el plazo de dos años desde la fecha de imposición.

28. El almacenamiento de los productos sueltos, es decir, de aquellos que no están estructurados en forma de unidades de carga, se llama:

a) Almacenamiento en bloque.
b) Almacenamiento a granel.
c) Almacenamiento desordenado.
d) Almacenamiento caótico.

29. Un instrumento manual con horquillas que eleva la carga unos pocos centímetros, lo justo para moverla, es:

a) El apilador.
b) La transpaleta.
c) La carretilla.
d) La plataforma con ruedas.

30. Un polipasto es:

a) Un sistema de poleas.
b) Una carretilla.
c) Un apilador.
d) Una transpaleta.

31. Respecto a la inclinación del tronco en la manipulación manual de cargas, es correcto afirmar que:

a) La manipulación de una carga vigilando el centro de gravedad disminuye el riesgo de lesión en la zona.
b) La postura correcta al manejar una carga es con el tronco inclinado.

c) La postura correcta al manejar una carga es con la espalda derecha.

d) La técnica de levantamiento de la carga no afecta para una correcta manipulación.

32. En general, el peso máximo que se recomienda no sobrepasar en la manipulación manual de cargas es de:

a) 25 kg.

b) 30 kg.

c) 50 kg.

d) 20 kg.

33. Unas condiciones ideales de manipulación manual de cargas incluyen:

a) Levantamientos rápidos y continuados.

b) Espalda inclinada hacia delante.

c) Manejo de la carga sin giros ni inclinaciones.

d) Sujeción del objeto con una posición de la muñeca en ángulo de 90º.

34. En relación con la manipulación manual de cargas, la primera obligación del empresario es:

a) La formación e información de los trabajadores.

b) La vigilancia de la salud.

c) Evaluar los riesgos.

d) Evitar la manipulación manual.

35. A efectos prácticos, la Guía Técnica para la evaluación y prevención de los riesgos derivados de la manipulación manual de cargas considera carga a los objetos de:

a) Más de 1 kg.

b) Más de 3 kg.

c) Más de 5 kg.

d) Menos de 60 kg.

36. El riesgo de lesión será menor:

a) Cuanto más alejada esté la carga del cuerpo.

b) Cuanto más se gire el tronco.

c) Cuanto menor sea la frecuencia de la manipulación.

d) Cuanto menor sea el tiempo de descanso entre manipulaciones.

37. La Guía Técnica para la evaluación y prevención de los riesgos derivados de la manipulación manual de cargas recomienda que la profundidad de la carga no supere:

a) Los 25 cm.

b) Los 35 cm.

c) Los 60 cm.
d) Los 90 cm.

38. Según la Guía Técnica para la evaluación y prevención de los riesgos derivados de la manipulación manual de cargas, desde el punto de vista preventivo, lo ideal es no transportar la carga una distancia superior a:

a) 1 metro.
b) 3 metros.
c) 5 metros.
d) 10 metros.

39. Cuando los trayectos de manipulación manual de cargas no superan los 10 metros, el peso máximo acumulado transportado en una jornada de 8 horas de trabajo será de:

a) 3.000 kg.
b) 6.000 kg.
c) 10.000 kg.
d) 12.000 kg.

40. Se recomienda que en locales interiores el rango de temperaturas para trabajos ligeros se encuentre entre:

a) 10º y 30º.
b) 14º y 25º.
c) 5º y 35º.
d) 20º y 24º.

41. ¿Cuál de las siguientes acciones en la manipulación manual de cargas es correcta?

a) Doblar las piernas manteniendo en todo momento la espalda derecha, y mantener el mentón metido. No flexionar demasiado las rodillas.
b) Juntar los pies para proporcionar una postura estable y equilibrada para el levantamiento.
c) Girar el tronco antes de cambiar de dirección.
d) Sujetar firmemente la carga empleando ambas manos y separarla del cuerpo.

42. Según la Guía Técnica para la evaluación y prevención de los riesgos derivados de la manipulación manual de cargas, aquellas cargas sin asas que pueden sujetarse flexionando la mano 90º alrededor de la carga, se consideran de:

a) Agarre óptimo.
b) Agarre bueno.

c) Agarre regular.
d) Agarre malo.

43. El desplazamiento vertical ideal de una carga es de:

a) Hasta 25 cm.
b) Hasta 50 cm.
c) Hasta 100 cm.
d) Hasta 175 cm.

44. Cuando se maneja una carga entre dos personas la capacidad de levantamiento es:

a) La suma de sus capacidades individuales.
b) Dos tercios de la mayor de las capacidades de los dos trabajadores.
c) Dos tercios de la suma de sus capacidades individuales.
d) La mitad de la suma de sus capacidades individuales.

45. La Guía Técnica recomienda que no se deberían manipular cargas en postura sentada (siempre que sea en una zona próxima al tronco, evitando manipular cargas a nivel del suelo o por encima del nivel de los hombros y giros e inclinaciones del tronco) de más de:

a) 3 kilos.
b) 5 kilos.
c) 10 kilos.
d) 15 kilos.

Solución al test n.º 7

1. b) Tarjetas postales.

2. c) Son propiedad del remitente.

3. a) Un servicio postal.

4. b) De hasta 2 kg de peso.

5. d) Paquetes postales cuyo peso no exceda de 20 kilogramos.

6. a) La Sociedad Estatal Correos y Telégrafos, Sociedad Anónima.

7. d) El artículo 18.

8. c) Inviolables.

9. d) Contenido conocido.

10. b) Que circule en sobre abierto.

11. a) La indicación del término de "tarjeta postal" en los envíos individuales no implica esta clasificación postal a menos que tenga carácter actual y personal.

12. d) A una pluralidad de destinatarios.

13. d) Que no se dirijan a destinatarios concretos sino a zonas de reparto en particular.

14. b) El material fonográfico y videográfico tendrá el mismo tratamiento que los libros.

15. a) Servicios prestados en régimen ordinario y servicios prestados en régimen de servicio especial.

16. a) En el ángulo superior izquierdo del anverso del envío.

17. b) La recepción de un envío certificado se garantiza mediante la firma del destinatario o una persona autorizada.

18. c) Detención arbitraria.

19. d) Una notificación.

20. d) Carta ordinaria.

21. c) El destinatario recibe el escrito original.

22. a) 24 horas (en el mismo día para envíos antes de las 12,45 horas, con destino en localidades con reparto especial; a la mañana del día siguiente hábil para el resto).

23. b) Certificados.

24. b) El servicio de reembolso.

25. a) 0,01 €.

26. c) El día 25 del mes siguiente al de su imposición o el posterior hábil, si aquel fuere festivo.

27. d) Durante el plazo de dos años desde la fecha de imposición.

28. b) Almacenamiento a granel.

29. b) La transpaleta.

30. a) Un sistema de poleas.

31. c) La postura correcta al manejar una carga es con la espalda derecha.

32. a) 25 kg.

33. c) Manejo de la carga sin giros ni inclinaciones.

34. d) Evitar la manipulación manual.

35. b) Más de 3 kg.

36. c) Cuanto menor sea la frecuencia de la manipulación.

37. b) Los 35 cm.

38. a) 1 metro.

39. c) 10.000 kg.

40. b) 14 y 25º.

41. a) Doblar las piernas manteniendo en todo momento la espalda derecha, y mantener el mentón metido. No flexionar demasiado las rodillas.

42. c) Agarre regular.

43. a) Hasta 25 cm.

44. c) Dos tercios de la suma de sus capacidades individuales.

45. b) 5 kilos.

TEST N.º 8

La prevención de riesgos laborales en el ejercicio de las funciones del personal subalterno. Planes de evacuación en locales y edificios de pública concurrencia. Medidas preventivas y pautas de actuación ante incendios y emergencias. Instalaciones de protección contra incendios. Primeros Auxilios. Manual para situaciones de emergencia en edificios municipales del Ayuntamiento de Córdoba

1. Avisar de la forma más rápida a los equipos de emergencia del propio establecimiento e informar al resto de los equipos y solicitar en su caso ayudas de intervención externa, cuando se produce una emergencia, es:

a) Alarmar.
b) Alertar.
c) Apremiar.
d) Detectar.

2. El aviso o señal por la que se informa a las personas para que sigan instrucciones específicas ante una situación de emergencia, es:

a) Alerta.
b) Detección.
c) Alarma.
d) Auxilio.

3. Ante una situación de emergencia, el trabajador debe:

a) Seguir trabajando mientras pueda.
b) Dirigirse, ya en el exterior, a un punto de reunión.
c) Quedarse en los lavabos o lugares cerrados.
d) Confiar, sobre todo, en su instinto.

4. Aquella situación en la que los parámetros definidores del riesgo, evidencian que la materialización del mismo, puede ser inminente, se denomina:

a) Preemergencia.
b) Conato.

c) Emergencia parcial.
d) Emergencia primaria.

5. Aquella situación que puede ser controlada y solucionada de forma sencilla y rápida por el personal y medios de protección del local, dependencias o sector, se llama:

a) Preemergencia.
b) Conato de emergencia.
c) Emergencia parcial.
d) Emergencia primaria.

6. Aquella situación que, para ser dominada, requiere la actuación de equipos especiales del sector, se denomina:

a) Emergencia sectorial.
b) Emergencia básica.
c) Preemergencia.
d) Emergencia parcial.

7. ¿A quién corresponde establecer la situación de emergencia en función del nivel de gravedad?

a) Al Jefe de Intervención.
b) Al Director del Plan de Actuación.
c) Al responsable de los Servicios Públicos de Extinción de Incendios y Salvamento.
d) Al Director del Plan de Autoprotección.

8. En un plan de autoprotección, ¿a qué se denominan "Equipos de Primera Intervención" (EPI)?

a) Son los que en una situación de emergencia organizan en primer lugar la evacuación del edificio a la espera de las instrucciones del Jefe de Emergencia.
b) Son los que en una situación de emergencia acuden al lugar donde se haya producido la emergencia para intentar su control y poner en funcionamiento el sistema de alarma.
c) También llamados Equipos de Protección Individual, incluyen cualquier equipo destinado a ser llevado o sujetado por el trabajador para que le proteja de los riesgos para su seguridad y salud laboral.
d) Son las brigadas contra incendios que actúan cuando la emergencia se considera grave.

9. Asume la dirección y coordinación de los equipos de emergencia en el lugar del accidente:

a) El Jefe de Intervención.
b) El Director del Plan de Actuación.

c) El responsable de los Servicios Públicos de Extinción de Incendios y Salvamento.
d) El Director del Plan de Autoprotección.

10. Su misión es asegurar una evacuación total y ordenar su sector y/o establecimiento y garantizar que se ha dado la alarma. Nos referimos a:

a) El Equipo de Primeros Auxilios (EPA).
b) El Equipo de Segunda Intervención (ESI).
c) El Equipo de Primera Intervención (EPI).
d) El Equipo de Alarma y Evacuación (EAE).

11. Las salidas del establecimiento, planta o inmueble tendrán una señal con el rótulo "SALIDA", excepto en edificios de uso Residencial Vivienda y, en otros usos, cuando se trate de salidas de recintos que sean fácilmente visibles y cuya superficie no exceda de:

a) 50 m².
b) 100 m².
c) 200 m².
d) 400 m².

12. Deben disponerse señales indicativas de dirección de los recorridos, visibles desde todo origen de evacuación desde el que no se perciban directamente las salidas o sus señales indicativas y en particular, frente a toda salida de un recinto, que acceda lateralmente a un pasillo, y que tenga una ocupación mayor de:

a) 50 personas.
b) 100 personas.
c) 140 personas.
d) 200 personas.

13. Las señales de salida de uso habitual o de emergencia, cuando la distancia de observación esté comprendida entre 20 y 30 metros, tendrán un tamaño de:

a) 210 x 210 mm.
b) 420 x 420 mm.
c) 594 x 594 mm.
d) 360 x 360 mm.

14. El lugar físico desde donde el Director del Plan de Actuación en Emergencias dirige la resolución de la misma, es:

a) El Centro de Control.
b) El Lugar de reunión.
c) El Centro directivo.
d) La Zona de Refugio.

15. El emplazamiento de los extintores permitirá que sean fácilmente visibles y accesibles, estarán situados próximos a los puntos donde se estime mayor probabilidad de iniciarse el incendio, a ser posible próximos a las salidas de evacuación y preferentemente sobre soportes fijados a paramentos verticales, de modo que la parte superior del extintor quede, como máximo, a:

a) 1,20 metros sobre el suelo.
b) 1,70 metros sobre el suelo.
c) 1 metro sobre el suelo.
d) Ninguna de las respuestas es correcta.

16. Según el Real Decreto 513/2017, de 22 de mayo, por el que se aprueba el Reglamento de instalaciones de protección contra incendios y la norma UNE-EN2, para un fuego de clase C, utilizaremos un agente extintor:

a) Específico para fuegos de metales.
b) Específico para fuegos de materiales sólidos, generalmente de naturaleza orgánica, cuya combinación se realiza normalmente por la formación de brasas.
c) Específico para fuegos de gases.
d) Específico para fuegos de líquidos o de sólidos licuables.

17. Señala qué tipo de sistema de protección contra incendios está compuesto de toma de agua en fachada o en zona fácilmente accesible al Servicio Contra Incendios, con la indicación de «USO EXCLUSIVO BOMBEROS», provista de válvula anti-retorno, conexión siamesa, con llaves incorporadas y racores de 70 mm, con tapa y llave de purga de 25 mm y de columna de tubería de acero galvanizado DN80:

a) Bocas de incendios equipadas.
b) Columna seca.
c) Boca hidrante.
d) Columna hidrante exterior.

18. Para determinar la clase de fuego que se puede producir en el centro de trabajo hay que considerar aspectos como el tipo de construcción, los materiales que contiene, etc., ¿a qué clase pertenecen los metales especiales combustibles?

a) Clase A.
b) Clase B.
c) Clase C.
d) Clase D.

19. La misión de asegurar una evacuación total y ordenar su sector y/o establecimiento y garantizar que se ha dado la alarma corresponde al:

a) Equipo de segunda intervención.
b) Equipo de primera intervención.

c) Equipo de alarma y evacuación.
d) Equipo de primeros auxilios.

20. Las bocas de incendio equipadas (BIE) se situarán, siempre que sea posible, a una distancia máxima de la salida de cada sector, de:

a) 5 metros.
b) 10 metros.
c) 15 metros.
d) 20 metros.

21. El socorrista en caso de quemaduras no debe:

a) Avisar una ambulancia.
b) El socorrista debe aplicar agua en abundancia en la quemadura para enfriarla y reducir el dolor (de 20 a 30 minutos), quitando ropas, joyas y todo aquello que mantenga el calor. Si aparecen temblores, tapar a la persona herida con una manta.
c) Cubrir la lesión con un vendaje seco y limpio (sábanas, pañuelos, camisetas, etc.).
d) Aplicar en las mismas sustancias tales como pomadas, mantequilla, aceite, vinagre, etc.

22. Cuando el socorrista ha procedido a evaluar al herido y este se encuentra inconsciente, debe situarlo en la mejor posición de seguridad y esta es:

a) Intentar incorporarlo para que recupere la consciencia.
b) Colocarlo en posición lateral y esperar a que sea trasladado por los medios adecuados.
c) Colocar a la víctima sentada en el suelo y siempre con el tronco erguido para conseguir que la cabeza esté más alta que el resto del cuerpo.
d) Quitar la ropa de la víctima lo antes posible para impedir que las posibles heridas estén en contacto con nada.

23. El tratamiento de primeros auxilios para un accidentado con lesiones térmicas, dependerá de la extensión y profundidad de la quemadura. Por ello, ante quemaduras de primer grado, el socorrista debe:

a) Lavar con agua fría o aplicar compresas humedecidas con agua, cubrir la quemadura con gasas estériles.
b) Reventar las ampollas lo antes posible para que no se sequen.
c) Una vez enfriada la quemadura, ésta no debe cubrirse en ningún caso.
d) Mantenerse sin actuación de ningún tipo a la espera de que pueda ser trasladado el accidentado al hospital más cercano.

24. Las acciones que debe tomarse ante un accidentado en llamas nunca deben consistir en:

a) La primera actuación será apagar las llamas (se ha de evitar que el accidentado corra).
b) Utilizar extintores para apagar las llamas.

c) Cubrir con una manta o hacer que ruede por el suelo; en última instancia echarse sobre él.

d) Observar con rapidez si respira (la víctima ha podido inspirar llamadas, gases o aire caliente produciéndole graves quemaduras en las vías respiratorias) y si tiene pulso. En caso negativo, se procede a la reanimación cardiopulmonar básica.

25. Un torniquete nunca deberá utilizarse:

a) Para grandes hemorragias arteriales, amputación traumática y aplastamientos prolongados.

b) Por encima de la herida cuando sea hemorragia arterial y por debajo de la herida cuando sea hemorragia venosa.

c) Aflojándolo cada dos horas para evitar gangrena.

d) En casos extremos y cuando otros recursos no han logrado detener el sangrado.

26. Las pautas básicas de los primeros auxilios se recogen bajo la denominación de las siglas:

a) P.A.S.

b) P.A.C.

c) P.A.M.

d) P.A.L.

27. Un masaje cardiaco se practica mediante una compresión externa del corazón pretendiendo que éste vuelva a latir y distribuya la sangre por todo el organismo. La compresión debe hacerse de tal manera que consigamos que el tórax:

a) Descienda 4 o 5 centímetros y a un ritmo alto de 80-100 veces por minuto.

b) Descienda 1 o 2 centímetros y a un ritmo medio de 50-60 veces por minuto.

c) Descienda 1 o 2 centímetros y a un ritmo bajo de 20-30 veces por minuto.

d) Ninguna de las respuestas es correcta.

28. La quemadura de grosor total, en la que se ven afectadas todas las capas de la piel incluyendo la dermis profunda, con una lesión de aspecto seco, chamuscado y blanquecino se la denomina:

a) Escara.

b) De primer grado.

c) De segundo grado.

d) Leve.

29. El pronóstico en el caso de quemaduras depende de la valoración de la gravedad de éstas; por ello, cuando se ha visto afectada la superficie corporal entre un 30 y un 50 por ciento, aquel será:

a) Leve.

b) Grave.

c) Muy grave.
d) Reservado.

30. En la actuación ante una fractura no se debe:

a) Proteger a la persona accidentada y procuraremos infundirle tranquilidad y confianza comentándole que ya se ha avisado a los servicios sanitarios.
b) Evitar movimientos innecesarios ya que podemos aumentar el dolor, agravar las lesiones e incluso involuntariamente desencadenar un cuadro de shock.
c) Inmovilizar la fractura en la misma posición en que se encuentra.
d) Intentar por nuestra cuenta reducir la fractura, esto es llevar al hueso a su posición normal.

31. En el Equipo de Emergencias del Ayuntamiento de Córdoba no figura el:

a) Jefe Intervención de Planta.
b) Jefe Intervención del edificio sede central de la Casa Consistorial.
c) Están los dos anteriores.
d) Agente de Planta.

32. El último escalón en el Equipo de Emergencias lo ocupa el:

a) Jefe Intervención de Planta.
b) Jefe Intervención de cada Unidad.
c) Jefe de Emergencia.
d) Agente de Planta.

33. El vigente manual para situaciones de emergencias en edificios municipales del Ayuntamiento de Córdoba se aprobó en:

a) 2001.
b) 2004.
c) 2009.
d) 2012.

34. Es un deber de todos los trabajadores del edificio del Ayuntamiento y de sus visitantes:

a) La prevención de incendios.
b) La extinción del incendio.
c) Los dos anteriores lo son.
d) Ninguno de los dos primeros lo es.

35. En el caso de que se note recalentamiento en algún punto de toma de corriente:

a) Se desconectará la corriente.
b) Se sacará al exterior.

c) Ha de evacuarse el edificio en el que se encuentre.
d) Se avisará a Mantenimiento.

36. No es necesario dejar apagados, al final de la jornada, los:

a) Frigoríficos.
b) Cargadores.
c) Aparatos de funcionamiento continuo.
d) Las tres respuestas anteriores son ciertas.

37. El uso de braseros o calefactores en el edificio central del Ayuntamiento de Córdoba:

a) Está permitido con carácter general.
b) Sólo se permite excepcionalmente.
c) Está totalmente prohibido.
d) Debe ser expresamente autorizado por el Departamento de Prevención y Salud Laboral.

38. Si alguien presencia un conato de incendio, avisará a/a la:

a) Mantenimiento.
b) Extensión para aviso de emergencias.
c) Jefe Intervención de Emergencias.
d) Agente de Planta.

39. El uso de los ascensores en caso de evacuación del edificio sede del Ayuntamiento:

a) Está prohibido.
b) Sólo se permite cuando el motivo de la evacuación no sea el fuego.
c) Es el medio más eficaz para agilizar dicha evacuación.
d) Ha de ser autorizado al efecto en función del motivo de la evacuación.

40. La dirección inmediata de la evacuación de cada planta es responsabilidad del/de los:

a) Jefe Intervención de Planta.
b) Agentes del Equipo de Evacuación.
c) Equipo de Mantenimiento.
d) Jefe de Emergencia.

Nota: *dispones de más preguntas referentes al Manual para situaciones de emergencia en edificios municipales del Ayuntamiento de Córdoba en nuestro Curso MAD360.*

Solución al test n.º 8

1. b) Alertar.

2. c) Alarma.

3. b) Dirigirse, ya en el exterior, a un punto de reunión.

4. a) Preemergencia.

5. b) Conato de emergencia.

6. d) Emergencia parcial.

7. b) Al Director del Plan de Actuación.

8. b) Son los que en una situación de emergencia acuden al lugar donde se haya producido la emergencia para intentar su control y poner en funcionamiento el sistema de alarma.

9. a) El Jefe de Intervención.

10. d) El Equipo de Alarma y Evacuación (EAE).

11. a) 50 m².

12. b) 100 personas.

13. c) 594 x 594 mm.

14. a) El Centro de Control.

15. a) 1,20 metros sobre el suelo.

16. c) Específico para fuegos de gases.

17. b) Columna seca.

18. d) Clase D.

19. c) Equipo de alarma y evacuación.

20. a) 5 metros.

21. d) Aplicar en las mismas sustancias tales como pomadas, mantequilla, aceite, vinagre, etc.

22. b) Colocarlo en posición lateral y esperar a que sea trasladado por los medios adecuados.

23. a) Lavar con agua fría o aplicar compresas humedecidas con agua, cubrir la quemadura con gasas estériles.

24. b) Utilizar extintores para apagar las llamas.

25. c) Aflojándolo cada dos horas para evitar gangrena.

26. a) P.A.S.

27. a) Descienda 4 o 5 centímetros y a un ritmo alto de 80-100 veces por minuto.

28. a) Escara.

29. c) Muy grave.

30. d) Intentar por nuestra cuenta reducir la fractura, esto es llevar al hueso a su posición normal.

31. b) Jefe Intervención del edificio sede central de la Casa Consistorial.

32. d) Agente de Planta.

33. b) 2004.

34. a) La prevención de incendios.

35. d) Se avisará a Mantenimiento.

36. d) Las tres respuestas anteriores son ciertas.

37. c) Está totalmente prohibido.

38. b) Extensión para aviso de emergencias.

39. a) Está prohibido.

40. b) Agentes del Equipo de Evacuación.

TEST N.º 9

Disposiciones mínimas de seguridad y salud en los lugares de trabajo. Señalización de seguridad y salud en el trabajo

1. La seguridad y salud en los lugares de trabajo tiene su fundamental regulación en la siguiente normativa:

a) En la Ley 31/1995, de 8 de noviembre, de Prevención de Riesgos Laborales.

b) En el Real Decreto 486/1997, de 14 de abril, por el que se establecen las disposiciones mínimas de seguridad y salud en los lugares de trabajo.

c) En el Real Decreto 485/1997, de 14 de abril, sobre disposiciones mínimas en materia de señalización de seguridad y salud en el trabajo.

d) Todas las respuestas son correctas.

2. La regulación de las disposiciones mínimas de seguridad y de salud aplicables a los lugares de trabajo:

a) Será de aplicación, sin excepción alguna, a todos los lugares de trabajo.

b) No será de aplicación a los medios de transporte utilizados dentro de la empresa.

c) No será de aplicación a las obras de construcción temporales o móviles.

d) Será de aplicación a los buques de pesca.

3. Respecto al orden, limpieza y mantenimiento:

a) Las zonas de paso, salidas y vías de circulación de los lugares de trabajo y, en especial, las salidas y vías de circulación previstas para la evacuación en casos de emergencia, deberán permanecer libres de obstáculos de forma que sea posible utilizarlas sin dificultades en todo momento.

b) Los lugares de trabajo, incluidos los locales de servicio, y sus respectivos equipos e instalaciones, se limpiarán periódicamente cada ocho horas.

c) Se eliminarán cada semana los desperdicios, las manchas de grasa, los residuos de sustancias peligrosas y demás productos residuales que puedan originar accidentes o contaminar el ambiente de trabajo.

d) Todas las respuestas son correctas.

4. Los trabajadores que realizan las operaciones de limpieza:

a) Han de recibir la información y formación suficientes sobre los riesgos derivados de los productos de limpieza que manejan.

b) Han de recibir la información y formación suficientes sobre la utilización segura de los equipos de limpieza.

c) Han de recibir la información y formación suficientes sobre la utilización de los equipos de protección individual.

d) Todas las anteriores respuestas son correctas.

5. Las disposiciones del Real Decreto 485/1997, de 14 de abril, sobre señalización de seguridad y salud en el trabajo:

a) Como regla general, son aplicables a la señalización utilizada para la regulación del tráfico por carretera.

b) No afectan a la señalización prevista por la normativa sobre comercialización de productos y equipos y sobre sustancias y preparados peligrosos, salvo que dicha normativa disponga expresamente otra cosa.

c) Como regla general, son aplicables a la señalización utilizada para la regulación del tráfico ferroviario, fluvial, marítimo y aéreo.

d) Son aplicables a la señalización utilizada por buques, vehículos y aeronaves militares.

6. Según los conceptos y definiciones recogidos por el Real Decreto 485/1997, de 14 de abril, sobre señalización de seguridad y salud en el trabajo, una señal que proporciona indicaciones relativas a las salidas de socorro, a los primeros auxilios o a los dispositivos de salvamento, se denomina:

a) Señal de salvamento o de socorro.

b) Señal de advertencia.

c) Señal indicativa.

d) Señal adicional.

7. Cuál de las siguientes señales no viene recogida en el Real Decreto 485/1997, de 14 de abril:

a) Señal gestual.

b) Señal acústica.

c) Señal olfativa.

d) Señal luminosa.

8. La señalización:

a) Puede considerarse un sistema sustitutorio de las medidas técnicas y organizativas de protección colectiva.

b) Puede considerarse una medida sustitutoria de la formación e información de los trabajadores en materia de seguridad y salud en el trabajo.

c) No tiene como uno de sus objetivos facilitar a los trabajadores la localización e identificación de determinados medios o instalaciones de protección, evacuación, emergencia o primeros auxilios.

d) Deberá utilizarse cuando, mediante las medidas técnicas y organizativas de protección colectiva, no haya sido posible eliminar los riesgos o reducirlos suficientemente.

9. La señalización deberá permanecer:

a) Hasta que el Comité de Seguridad y Salud decida, bajo su criterio, retirarla.
b) Durante el período mínimo de una semana.
c) En tanto persista la situación que la motiva.
d) En tanto el empresario responsable de la misma decida sustituirla por algún otro medio de advertencia.

10. El color rojo de seguridad tiene como significado:

a) Señal de prohibición, peligro-alarma.
b) Obligación.
c) Material y equipos de lucha contra incendios.
d) Las respuestas a) y c) son correctas.

11. La señal de salvamento o auxilio viene indicada por el color de seguridad:

a) Rojo.
b) Amarillo.
c) Verde.
d) Azul.

12. Cuando el color de fondo sobre el que tenga que aplicarse el color de seguridad pueda dificultar la percepción de este último, se utilizará un color de contraste que enmarque o se alterne con el de seguridad, de acuerdo con lo siguiente:

a) Color de seguridad rojo: color de contraste negro.
b) Color de seguridad verde: color de contraste negro.
c) Color de seguridad amarillo o amarillo anaranjado: color de contraste negro.
d) Color de seguridad azul: color de contraste negro.

13. En cuanto a la señalización en forma de panel:

a) Las señales se instalarán siempre a una altura de 1,5 metros, y en una orientación apropiada en relación con el ángulo visual.
b) El lugar de emplazamiento de la señal deberá estar bien iluminado, ser accesible y fácilmente visible. Si la iluminación general es insuficiente, se empleará una iluminación adicional o se utilizarán colores fosforescentes o materiales fluorescentes.

c) No disminuye la eficacia de la señalización utilizando demasiadas señales próximas entre sí.

d) Las señales deberán retirarse el día que estaba previsto aunque no haya dejado de existir la situación que las justificaba.

14. Entre los tipos de señales en la señalización por paneles encontramos:

a) Señales de advertencia.
b) Señales de prohibición.
c) Señales de obligación.
d) Todas son correctas.

15. Las señales con forma rectangular o cuadrada; pictograma blanco sobre fondo verde, debiendo el verde cubrir como mínimo el 50% de la superficie de la señal, se denominan:

a) Señales de salvamento o socorro.
b) Señales de obligación.
c) Señales de advertencia.
d) Señales de equipos de lucha contra incendios.

16. Las señales de obligación serán:

a) Forma redonda. Pictograma blanco sobre fondo azul (el azul deberá cubrir, como mínimo, el 50% de la superficie de la señal).
b) Forma rectangular o cuadrada. Pictograma blanco sobre fondo azul (el azul deberá cubrir, como mínimo, el 50% de la superficie de la señal).
c) Forma rectangular o cuadrada. Pictograma rojo sobre fondo blanco (el rojo deberá cubrir, como mínimo, el 50% de la superficie de la señal).
d) Forma redonda. Pictograma blanco sobre fondo azul (el azul deberá cubrir, como mínimo, el 75% de la superficie de la señal).

17. En cuanto a las señales luminosas y acústicas:

a) Una señal luminosa o acústica indicará, al ponerse en marcha, la necesidad de realizar una determinada acción, y se mantendrá mientras persista tal necesidad. Al finalizar la emisión de una señal luminosa o acústica se adoptarán de inmediato las medidas que permitan volver a utilizarlas en caso de necesidad.
b) La eficacia y buen funcionamiento de las señales luminosas y acústicas se comprobará únicamente después de su entrada en servicio.
c) Las señales luminosas y acústicas intermitentes previstas para su utilización alterna o complementaria deberán emplear código distinto.
d) Todas las respuestas son correctas.

18. Son características de las comunicaciones verbales:

a) La comunicación verbal se establece entre varios emisores y un solo oyente, en un lenguaje formado por textos largos, frases, grupos de palabras o palabras continuadas, siempre codificados.

b) Los mensajes verbales serán tan largos y complejos como sea necesario.

c) La comunicación verbal será siempre directa (utilización de la voz humana) y nunca indirecta (voz humana o sintética, difundida por un medio apropiado).

d) La comunicación verbal se establece entre un locutor o emisor y uno o varios oyentes, en un lenguaje formado por textos cortos, frases, grupos de palabras o palabras aisladas, eventualmente codificados.

19. En las señales gestuales:

a) La persona que emite las señales, denominada «operador», dará las instrucciones de maniobra mediante señales gestuales al destinatario de las mismas, denominado «encargado de las señales».

b) El encargado de las señales puede seguir el desarrollo de las maniobras mediante tercera persona.

c) El encargado de las señales deberá dedicarse exclusivamente a dirigir las maniobras y a la seguridad de los trabajadores situados en las proximidades.

d) Los elementos de identificación indicados serán de colores oscuros, a ser posible distintos para todos los elementos, y serán utilizados exclusivamente por el operador.

20. En los locales de trabajo cerrados deberán cumplirse las siguientes condiciones de temperatura:

a) La temperatura de los locales donde se realicen trabajos sedentarios propios de oficinas o similares estará comprendida entre 15 y 25 ºC. La temperatura de los locales donde se realicen trabajos ligeros estará comprendida entre 13 y 24 ºC.

b) La temperatura de los locales donde se realicen trabajos sedentarios propios de oficinas o similares estará comprendida entre 18 y 28 ºC. La temperatura de los locales donde se realicen trabajos ligeros estará comprendida entre 16 y 26 ºC.

c) La temperatura de los locales donde se realicen trabajos sedentarios propios de oficinas o similares estará comprendida entre 17 y 27 ºC. La temperatura de los locales donde se realicen trabajos ligeros estará comprendida entre 14 y 25 ºC.

d) La temperatura de los locales donde se realicen trabajos sedentarios propios de oficinas o similares estará comprendida entre 20 y 28 ºC. La temperatura de los locales donde se realicen trabajos ligeros estará comprendida entre 19 y 26 ºC.

Solución al test n.º 9

1. d) Todas las respuestas son correctas.

2. c) No será de aplicación a las obras de construcción temporales o móviles.

3. a) Las zonas de paso, salidas y vías de circulación de los lugares de trabajo y, en especial, las salidas y vías de circulación previstas para la evacuación en casos de emergencia, deberán permanecer libres de obstáculos de forma que sea posible utilizarlas sin dificultades en todo momento.

4. d) Todas las anteriores respuestas son correctas.

5. b) No afectan a la señalización prevista por la normativa sobre comercialización de productos y equipos y sobre sustancias y preparados peligrosos, salvo que dicha normativa disponga expresamente otra cosa.

6. a) Señal de salvamento o de socorro.

7. c) Señal olfativa.

8. d) Deberá utilizarse cuando, mediante las medidas técnicas y organizativas de protección colectiva, no haya sido posible eliminar los riesgos o reducirlos suficientemente.

9. c) En tanto persista la situación que la motiva.

10. d) Las respuestas a) y c) son correctas.

11. c) Verde.

12. c) Color de seguridad amarillo o amarillo anaranjado: color de contraste negro.

13. b) El lugar de emplazamiento de la señal deberá estar bien iluminado, ser accesible y fácilmente visible. Si la iluminación general es insuficiente, se empleará una iluminación adicional o se utilizarán colores fosforescentes o materiales fluorescentes.

14. d) Todas son correctas.

15. a) Señales de salvamento o socorro.

16. a) Forma redonda. Pictograma blanco sobre fondo azul (el azul deberá cubrir, como mínimo, el 50% de la superficie de la señal).

17. a) Una señal luminosa o acústica indicará, al ponerse en marcha, la necesidad de realizar una determinada acción, y se mantendrá mientras persista tal necesidad. Al finalizar la emisión de una señal luminosa o acústica se adoptarán de inmediato las medidas que permitan volver a utilizarlas en caso de necesidad.

18. d) La comunicación verbal se establece entre un locutor o emisor y uno o varios oyentes, en un lenguaje formado por textos cortos, frases, grupos de palabras o palabras aisladas, eventualmente codificados.

19. c) El encargado de las señales deberá dedicarse exclusivamente a dirigir las maniobras y a la seguridad de los trabajadores situados en las proximidades.

20. c) La temperatura de los locales donde se realicen trabajos sedentarios propios de oficinas o similares estará comprendida entre 17 y 27 ºC. La temperatura de los locales donde se realicen trabajos ligeros estará comprendida entre 14 y 25 ºC.

TEST N.º 10

Edificios municipales dependientes del Ayuntamiento de Córdoba: localización; usos y servicios; características básicas. La red de Centros Cívicos Municipales: localización y características principales. Los Centros de Servicios Sociales: localización y características básicas. Museos dependientes del Ayuntamiento de Córdoba: localización y principales peculiaridades

1. El Ayuntamiento de Córdoba posee un gran número de Edificios y Dependencias, en los que se realizan:

a) Actividades privadas comerciales.
b) Actividades privadas lucrativas.
c) Actividades I+D+i.
d) Actividades de múltiples características.

2. ¿Qué parámetros nos describirán los Edificios Municipales del Ayuntamiento de Córdoba?

a) La denominación y localización.
b) Los usos y servicios.
c) Las características de la propia actividad.
d) Todas las respuestas son correctas.

3. El Ayuntamiento de Córdoba expone en sus páginas web un listado de Edificios Municipales localizados en función de:

a) El Distrito al que pertenece.
b) El tipo de fachada del edificio.
c) La distancia entre el edificio y el Ayuntamiento Central.
d) La altura del edificio.

4. El Archivo Municipal se caracteriza por:

a) Ser el Archivo más grande de Andalucía.
b) Ser el lugar más importante de la ciudad y estar custodiado por la Policía.
c) Ser el Archivo Central de toda la documentación municipal.
d) Ser una instalación de nueva construcción.

5. El Alcázar de los Reyes Cristianos es un edificio municipal de carácter:

a) Antiguo.
b) Museístico, Histórico, visitable.
c) Privado con gestión externa.
d) Ruinoso.

6. La instalación municipal del Parque Infantil de Tráfico tiene como fin primordial:

a) Actividad formativa sobre Seguridad Vial.
b) Circuito de tráfico para la obtención del carné de conducir.
c) Instalación dependiente del Área de Servicios Sociales.
d) Ninguna de las respuestas anteriores es correcta.

7. La casa de Acogida y Emergencia Social tiene como función:

a) Prestación básica social.
b) Ayudas básicas de Emergencia Social.
c) Cubrir las necesidades más básicas de las personas más desfavorecidas.
d) Todas las respuestas anteriores son correctas.

8. En las instalaciones municipales de las Naves de Servicios se ubican:

a) Los Servicios Sociales del Ayuntamiento.
b) Las infraestructuras básicas del Área de Cultura.
c) La Delegación de Infraestructuras y los talleres municipales.
d) Las instalaciones de almacenamiento de documentación de todas las Áreas Municipales.

9. Las instalaciones de la Jefatura de la Policía Local se ubican en:

a) El edificio municipal de Infraestructuras.
b) En la Avenida de los Custodios.
c) El edificio municipal del Estadio del Arcángel.
d) El edificio municipal junto al Parque de Bomberos del Granada.

10. ¿Es el Molino de San Antonio una instalación municipal?

a) No, es un molino de propiedad privada.
b) No, es una instalación que ya no existe, aunque antiguamente sí existió.

c) Sí, es una instalación derruida y sin actividad.

d) Sí, es una instalación considerada monumento histórico donde se giran visitas.

11. ¿Qué funciones desarrollan los Centros Cívicos?

a) Son una institución pública.

b) Están organizados territorialmente.

c) Realizan prestaciones de servicios municipales y participación ciudadana.

d) Ninguna respuesta es correcta.

12. ¿Qué fines tienen los Centros Cívicos?

a) No tiene fines concretos.

b) Tienen un fin general que es representar a los concejales del Ayuntamiento.

c) Tienen múltiples fines relacionados con la mejora de las viviendas en general.

d) Tienen múltiples fines relacionados con todas las actividades municipales.

13. ¿Puede ser un fin de los Centros Cívicos constituirse como eje del proceso de desconcentración administrativa y de gestión municipal?

a) No, seguro.

b) No, es imposible.

c) Sí, seguro.

d) Sí, aunque condicionado al número de empleados municipales.

14. ¿Cuántos Centros Cívicos existen en la actualidad?

a) 19.

b) No hay un número determinado.

c) 25.

d) 22.

15. Los Centros de Día de Mayores son equipamientos del:

a) Área de Mayores.

b) Área de Dependencia.

c) Área de Igualdad.

d) Área de Servicios Sociales.

16. ¿Cuál es el gran objetivo de los Centros de Día de Mayores municipales?

a) Mejorar la calidad de vida de las personas mayores.

b) La participación activa de las personas mayores.

c) La solidaridad y la relación con el medio social de las personas mayores.

d) Todas las respuestas anteriores son correctas.

17. El Sistema Público de Servicios Sociales de Andalucía está orientado a:

a) La realización de un estudio piramidal de la población en función de la edad.
b) La gestión de los medios económicos que se puedan detraer de otras Áreas Municipales.
c) La obtención de mayor bienestar social y calidad de vida de la población andaluza.
d) La celebración de eventos electorales para determinar las actividades a realizar.

18. ¿Qué servicios prestan los Servicios Sociales Comunitarios?

a) De información, valoración, orientación y asesoramiento.
b) De ayuda a domicilio.
c) De convivencia y reinserción social.
d) Todas las respuestas anteriores son correctas.

19. ¿Dónde se localizan los Servicios Centrales Municipales?

a) En el Estadio Municipal del Arcángel.
b) En el Ayuntamiento de Capitulares.
c) En el Ayuntamiento del Gran Capitán.
d) En las instalaciones de Ronda de Tejares.

20. ¿Cuáles son los museos municipales del Ayuntamiento de Córdoba?

a) Museo de Julio Romero de Torres.
b) Museo Taurino.
c) Alcázar de los Reyes Cristianos.
d) Todas las respuestas anteriores son correctas.

Solución al test n.º 10

1. d) Actividades de múltiples características.

2. d) Todas las respuestas son correctas.

3. a) El Distrito al que pertenece.

4. c) Ser el Archivo Central de toda la documentación municipal.

5. b) Museístico, Histórico, visitable.

6. a) Actividad formativa sobre Seguridad Vial.

7. d) Todas las respuestas anteriores son correctas.

8. c) La Delegación de Infraestructuras y los talleres municipales.

9. b) En la Avenida de los Custodios.

10. d) Sí, es una instalación considerada monumento histórico donde se giran visitas.

11. c) Realizan prestaciones de servicios municipales y participación ciudadana.

12. d) Tienen múltiples fines relacionados con todas las actividades municipales.

13. c) Sí, seguro.

14. a) 19.

15. d) Área de Servicios Sociales.

16. d) Todas las respuestas anteriores son correctas.

17. c) La obtención de mayor bienestar social y calidad de vida de la población andaluza.

18. d) Todas las respuestas anteriores son correctas.

19. a) En el Estadio Municipal del Arcángel.

20. d) Todas las respuestas anteriores son correctas.

SUPUESTOS PRÁCTICOS

SUPUESTO N.º 1

Supuesto sobre atención al público

A lo largo de la semana han sido muchos y muy variados los tipos de personas con los que ha tenido que tratar el ordenanza o conserje Vicente como parte de sus funciones de atención al público.

En todo caso, Vicente se ha esforzado por dar un trato respetuoso y adecuado para que cada persona fuera convenientemente atendida por el motivo que le acercó a la Administración. Para ello, Vicente ha tenido que ajustar su trato a las características de cada ciudadano y posibilitar así la mejor comunicación posible.

En lo que va de mañana, Vicente ha atendido a 8 ciudadanos, que nombraremos por sus nombres de pila y que mostraban las siguientes características:

- El ciudadano **Andrés** era negativista, poco objetivo y creía en todo momento que tenía la verdad absoluta.

- El ciudadano **Benito** era muy reservado, se mostraba asustado e inseguro y prefería escuchar en vez de hablar.

- El ciudadano **Carlos** se mostraba exigente, avasallando e insultando repetidamente, además parecía muy susceptible.

- La ciudadana **Dolores** era muy desconfiada, aguda y crítica, poniéndolo todo en entredicho.

- El ciudadano **Eduardo** era muy hablador, abierto y comunicativo. Se salía mucho del tema y era muy impulsivo.

- La ciudadana **Francisca** era muy crítica y meticulosa. Preguntaba mucho y se le veía muy insegura.

- La ciudadana **Gloria** hablaba muy poco, iba directamente al asunto con muy poca diplomacia y mucha frialdad. Se mostraba bastante desorientada.

- Por último, el ciudadano **Hugo** se ha mostrado muy orgulloso, engreído y altivo, creyéndose que lo sabía todo.

En un primer lugar, intentando comprender cómo lo ha percibido Vicente, debemos identificar cada tipo de ciudadanos que se ha dirigido a él a partir de las características observadas. No se trata de poner etiquetas a cada persona sin más, sino, más bien, de entender cómo actúa la persona que tenemos delante para saber dar el mejor tipo de respuesta a cada persona según las características que presentan.

Cuestiones

1. Por las características mencionadas entendemos que Andrés es una persona:

a) Excitable.
b) Escéptica.
c) Inquisitiva.
d) Irrazonable.

2. Por las características mencionadas entendemos que Benito es una persona:

a) Escéptica.
b) Tímida.
c) Silenciosa.
d) Entendida.

3. Por las características mencionadas entendemos que Carlos es una persona:

a) Excitable.
b) Inquisitiva.
c) Presuntuosa.
d) Irrazonable.

4. Por las características mencionadas entendemos que Dolores es una persona:

a) Entendida.
b) Silenciosa.
c) Escéptica.
d) Irrazonable.

5. Por las características mencionadas entendemos que Eduardo es una persona:

a) Excitable.
b) Presuntuosa.
c) Habladora.
d) Entendida.

¿Qué tipo de trato ha tenido que dar Vicente en cada caso para que cada persona viera satisfecha y eficazmente cumplida su necesidad de información y de servicio que le trajo a la Administración? En cada caso nombraremos tres tipos de respuestas que podría haber dado Vicente; tenemos que identificar la más acertada en función del comportamiento que mostraba cada ciudadano. Todas las respuestas mencionadas pueden parecer buenas, pero se trata de señalar aquella en la que hay que apoyarse más:

6. Ante el comportamiento de Dolores, es conveniente:

a) Tener paciencia y perseverancia.
b) Darle conocimientos técnicos.
c) Encauzarle en el tema.
d) Dar detalles.

7. Ante el comportamiento de Eduardo, es conveniente:

a) No competir con él.
b) Pasarse a su bando.
c) Permanecer impasible.
d) Ser breve y cortés.

8. Ante el comportamiento de Francisca, es conveniente:

a) Mostrar calma.
b) Brevedad y cortesía.
c) No contradecirse.
d) Ir al grano.

9. Ante el comportamiento de Gloria, es conveniente:

a) Permanecer impasible.
b) Mantenerse firme.
c) Dar garantías.
d) Llevar la iniciativa.

10. Ante el comportamiento de Hugo, es conveniente:

a) Mostrar amabilidad.
b) Tratarle en reservado.
c) Competir con él.
d) Evitar adularle.

El resto de la jornada, Vicente se encuentra trabajando en la centralita de la institución. Todas las llamadas recibidas en el puesto de contestación son señalizadas tanto óptica como acústicamente; si mientras Vicente está atendiendo a un ciudadano entra una nueva llamada, esta se señalizará de una forma óptica exclusivamente. Mientras atiende el teléfono un usuario interno ha solicitado a Vicente una comunicación urbana, pero el abonado deseado no contesta y Vicente le dice al usuario que vuelva a intentarlo pasado un tiempo.

Pasada una hora, Vicente debe ausentarse unos minutos del puesto de contestación y nadie puede suplirle momentáneamente en su ausencia, por lo que decide descolgar el teléfono hasta su vuelta.

Un Jefe de Sección pregunta a Vicente cuál es el procedimiento a seguir para localizar el número telefónico de un abonado de una localidad distinta a la capital de la provincia. Vicente cuenta para ello con una guía telefónica de la provincia.

11. Si el número de llamada externo que Vicente ha solicitado está ocupado:

a) El número se activará cuantas veces se desee mediante su reclamación.
b) Marcará insistentemente sin dar paso a nuevas llamadas para atender al usuario.
c) Mandará al usuario al teléfono público más cercano para que lo siga intentando.
d) Queda eximido de seguir intentándolo.

12. ¿Puede Vicente ausentarse de la centralita?

a) No, no puede abandonar su puesto de trabajo bajo ningún concepto.
b) Derivará las llamadas recibidas hacia otro puesto de contestación de reserva.
c) Descolgará el teléfono mientras se ausente y nadie notará su marcha.
d) Sí, siempre que sea en la franja de la jornada que menos llamadas se reciben.

13. ¿Cómo buscará Vicente al abonado solicitado en la guía telefónica?

a) Buscará directamente el primer apellido en las últimas páginas de la guía.
b) Primero debe localizar la población.
c) En la guía aparece una única relación de abonados de la provincia, independientemente de la población. Por tanto, primero debe hacer una búsqueda alfabética del primer apellido y a partir de ahí buscar por el segundo apellido.
d) Su función es hacer la llamada pero no buscar un número de teléfono.

14. La voz de Vicente al atender el teléfono, debe ser:

a) Apagada.
b) Clara.
c) Castellanizada.
d) Robótica.

15. La actitud de Vicente ha de ser en todo momento:

a) Positiva.
b) Personal.
c) Inflexible.
d) Distante.

16. En la comunicación telefónica, Vicente guardará silencio cuando:

a) Quiera zanjar el asunto.
b) Esté seguro de que ha dicho todo lo que tenía que decir.
c) No esté de acuerdo con lo que dice su interlocutor.
d) El cliente le habla.

17. Cuando Vicente recibe una llamada que estaba en espera:

a) Hablará rápidamente para atender lo antes posible al usuario.
b) Explicará al cliente por qué está esperando.
c) Se identificará con su nombre.
d) Le dará prioridad sobre cualquier otro asunto que pueda surgir durante la comunicación.

18. Vicente atiende telefónicamente, hablando de forma muy técnica a un usuario que llama al Organismo. ¿Se puede afirmar que está usando un lenguaje correcto?

a) Sí, la ley le obliga a usar siempre un lenguaje técnico y preciso.
b) Sí.
c) No, ya que un lenguaje correcto tiene que ser muy coloquial.
d) No, ya que un lenguaje correcto no tiene por qué ser muy técnico.

19. Vicente atiende telefónicamente a un usuario que llama al Organismo. El usuario pregunta por otro empleado de la Institución que no se encuentra en ese momento en el edificio. Señale la opción correcta de la acción de Vicente al usuario:

a) Le notificará el tiempo que lleva fuera y dará explicaciones de por qué no está.
b) Le colgará amablemente y con cortesía, sin dar ningún tipo de explicación ni información.
c) Tomará nota de la llamada y el motivo.
d) Le pasará la llamada a otro funcionario para que también lo atienda y así el usuario vea que se le ha mostrado interés.

20. Vicente atiende a un usuario que se persona en el edificio. El alterado usuario pretende comunicar una queja o reclamación a la entidad. ¿Qué no debe hacer Vicente?

a) Adoptar una actitud positiva y huyendo de la pasividad o falta de interés.
b) Permitir expresarse al usuario y darle las condiciones correctas para que se traslade su problema.
c) Evitar que la reclamación surta efecto, convenciendo al usuario de que no insista ya que es negativo para la Entidad.
d) Encaminarle a la ventanilla o dependencia a la que ha de dirigirse.

21. No se incluye dentro de las funciones de atención al ciudadano:

a) Recepción y acogida.
b) Asistencia a los ciudadanos en el ejercicio del derecho de petición recogido en los artículos 29 y 77 de la Constitución Española.
c) Gestión en relación con los procedimientos administrativos.
d) Estimación de recursos administrativos y reconocimiento de derechos.

22. Informar a un ciudadano de la documentación que debe adjuntar a una solicitud para acceder a una determinada prestación que se tramita en una concreta unidad administrativa forma parte de:

a) Función de recepción y acogida.
b) Función de gestión.
c) Función de orientación e información.
d) Función de recepción de sugerencias e iniciativas.

23. Uno de los derechos del ciudadano ante la administración pública es el derecho a la información. La ciudadanía tiene derecho a acceder, a ver o a consultar, los archivos y registros administrativos:

a) Siempre, no existen casos donde la información esté restringida.
b) Siempre que la documentación tenga una antigüedad de 5 años.
c) Siempre que no afecten a la seguridad y defensa del Estado, la averiguación de los delitos y la intimidad de las personas.
d) Siempre que no afecten a la seguridad y defensa del Estado.

24. La información de tipo general a la Administración se puede solicitar:

a) Únicamente por escrito.
b) Mediante instancia presentada en el registro general.
c) Por escrito y de manera verbal.
d) Verbalmente, por teléfono o por escrito, e incluso telemáticamente.

25. Cuando Vicente ocupe un puesto de recepción o portería en una dependencia municipal y un ciudadano se dirija a él le contestará:

a) Amistosamente.
b) Diplomáticamente.
c) Amablemente.
d) Secamente.

Solución al supuesto n.º 1

1. d) Irrazonable.

Son personas irrazonables los que presentan las siguientes características: negativistas, poco objetivos y creen tener la verdad absoluta.

2. b) Tímida.

Son personas tímidas las que presentan las siguientes características: reservados, asustados e inseguros y prefieren escuchar.

3. a) Excitable.

Son personas excitables las que presentan las siguientes características: avasallan e insultan, son exigentes y muy susceptibles.

4. c) Escéptica.

Son personas escépticas las que presentan las siguientes características: son desconfiados, agudos y críticos y ponen todo en entredicho.

5. c) Habladora.

Son personas habladoras las que presentan las siguientes características: hablan mucho, se salen del tema y son muy impulsivos, abiertos y comunicativos.

6. a) Tener paciencia y perseverancia.

Las personas escépticas deben ser tratadas con paciencia y perseverancia, sinceridad y dando garantías.

7. d) Ser breve y cortés.

Las personas habladoras deben ser tratadas de forma amable y abierta, encauzándoles el tema, siendo breve y cortés.

8. c) No contradecirse.

Las personas inquisitivas deben ser tratadas con paciencia, aportando conocimientos técnicos y dando detalles, sin contradecirse.

9. d) Llevar la iniciativa.

Las personas silenciosas deben ser tratadas llevando la iniciativa, con brevedad y cortesía.

10. a) Mostrar amabilidad.

Las personas presuntuosas deben ser tratadas con humildad, amabilidad y adulación.

11. a) El número se activará cuantas veces se desee mediante su reclamación.

El número de llamada externo marcado en último lugar puede almacenarse, en caso de que el abonado deseado esté ocupado o no conteste, y activarse cuantas veces se desee mediante su reclamación.

12. b) Derivará las llamadas recibidas hacia otro puesto de contestación de reserva.

Desde el puesto de contestación se pueden derivar las llamadas recibidas, cuando por razones de ausencia no puedan atenderse, hacia otro puesto de contestación de reserva. En ciertos lugares, durante la noche o ciertas horas, se activa el servicio nocturno.

13. b) Primero debe localizar la población.

Para la localización de un abonado en la guía telefónica hay que tener en cuenta que los apellidos de los abonados se ordenan alfabéticamente.

Los pasos para encontrar el número del abonado son los siguientes:

1. Si el número que buscamos pertenece a un abonado de la capital de provincia o de una localidad.

2. En el primer caso, ir a la sección "Relación de clientes de la capital" y fijarse en el primer apellido del abonado ya que en el margen superior de la guía aparecerán dos apellidos donde el primero corresponde al primer apellido que aparece en la página par, y el segundo al último apellido que aparece en la página impar.

3. En el caso de buscar el número de un abonado en una localidad, tendremos que irnos a la sección final de la guía, y esta vez en el cabecero de la guía aparecerán las localidades en vez de los apellidos.

14. b) Clara.

Como regla general en la atención telefónica, nuestra voz deberá ser agradable, natural, clara y armoniosa, no regresiva. No deberá ser monótona, apagada, brusca. Además, cuando hablemos, lo haremos con nitidez, articulando bien las palabras y a una velocidad normal.

15. a) Positiva.

Como regla general en la atención telefónica, nuestra actitud ha de ser en todo momento positiva y profesional. Las respuestas agradables transforman situaciones negativas en positivas. Hay que reflejar entusiasmo, confianza en nosotros mismos, deseos de ayudar, formalidad, seriedad y sinceridad.

16. d) El cliente le habla.

Como regla general en la atención telefónica, cuando el cliente nos habla deberemos guardar silencio aplicando las técnicas de escucha activa, con la finalidad de que el ciudadano aprecie que no solo lo estamos oyendo sino escuchando.

17. b) Explicará al cliente por qué está esperando.

Como regla general, una vez que la llamada ha pasado la centralita y llega a su destino final, tras saludar, conviene explicar al cliente por qué está esperando (p. ej.: buscamos información).

18. d) No, ya que un lenguaje correcto no tiene por qué ser muy técnico.

Como regla general en la atención telefónica, hay que evitar usar términos desconocidos o que puedan generar confusión en los clientes; hay que ser claros y precisos en la elección de nuestras palabras. Los ciudadanos no suelen estar acostumbrados a los tecnicismos; por ello convendría evitar emplearlos. En el caso de que fueran imprescindibles, explicaremos con claridad lo que estamos diciendo y las posibles repercusiones que pueda tener sobre el cliente.

19. c) Tomará nota de la llamada y el motivo.

Como regla general en la atención telefónica, si el usuario pregunta por otro empleado que no está, le preguntaremos si le podemos ayudar nosotros. Si no fuese posible, le preguntaríamos si no le importa esperar un momento para ver si le localizamos. En caso de que fuese imposible, tomaríamos nota de su llamada y motivo.

20. c) Evitar que la reclamación surta efecto, convenciendo al usuario de que no insista ya que es negativo para la Entidad.

Cualquiera que sea el origen de una reclamación, el objetivo a alcanzar por nuestra parte es la satisfacción del cliente, por lo que nunca hay que negarse a recibir cualquier tipo de reclamación.

21. d) Estimación de recursos administrativos y reconocimiento de derechos.

Según el artículo 4 del RD 208/1996, de 9 de febrero, por el que se regulan los servicios de información administrativa y atención al ciudadano:

La atención personalizada al ciudadano comprenderá las funciones siguientes:

a) De recepción y acogida a los ciudadanos, al objeto de facilitarles la orientación y ayuda que precisen en el momento inicial de su visita, y, en particular, la relativa a la localización de dependencias y funcionarios.

b) De orientación e información, cuya finalidad es la de ofrecer las aclaraciones y ayudas de índole práctica que los ciudadanos requieren sobre procedimientos, trámites, requisitos y documentación para los proyectos, actuaciones o solicitudes que se propongan realizar, o para acceder al disfrute de un servicio público o beneficiarse de una prestación.

(…)

c) De gestión, en relación con los procedimientos administrativos, que comprenderá la recepción de la documentación inicial de un expediente cuando así se haya dispuesto reglamentariamente, así como las actuaciones de trámite y resolución de las cuestiones cuya urgencia y simplicidad demanden una respuesta inmediata.

d) De recepción de las iniciativas o sugerencias formuladas por los ciudadanos, o por los propios empleados públicos para mejorar la calidad de los servicios, incrementar el rendimiento o el ahorro del gasto público, simplificar trámites o suprimir los que sean innecesarios, o cualquier otra medida que suponga un mayor grado de satisfacción de la sociedad en sus relaciones con la Administración General del Estado y con las entidades de derecho público vinculadas o dependientes de la misma.

(…)

e) De recepción de las quejas y reclamaciones de los ciudadanos por las tardanzas, desatenciones o por cualquier otro tipo de actuación irregular que observen en el funcionamiento de las dependencias administrativas. Las reclamaciones que se formulen ante las oficinas y centros de información administrativa se tramitarán de acuerdo con lo dispuesto en el capítulo III.

f) De asistencia a los ciudadanos en el ejercicio del derecho de petición, reconocido por los artículos 29 y 77 de la Constitución.

(…)

22. c) Función de orientación e información.

En base al artículo 4.b) del RD 208/1996, de 9 de febrero, por el que se regulan los servicios de información administrativa y atención al ciudadano:

La función de orientación e información tiene la finalidad de ofrecer las aclaraciones y ayudas de índole práctica que los ciudadanos requieren sobre procedimientos, trámites, requisitos y documentación para los proyectos, actuaciones o solicitudes que se propongan realizar, o para acceder al disfrute de un servicio público o beneficiarse de una prestación.

Esta forma de facilitar a los ciudadanos el ejercicio de sus derechos, en ningún caso podrá entrañar una interpretación normativa, ni consideración jurídica o económica, sino una simple determinación de conceptos, información de opciones legales o colaboración en la cumplimentación de impresos o solicitudes.

23. c) Siempre que no afecten a la seguridad y defensa del Estado, la averiguación de los delitos y la intimidad de las personas.

El artículo 105.b de la Constitución Española estableció que la Ley regularía el acceso de los ciudadanos a los archivos y registros administrativos, salvo en lo que afecte a la seguridad y defensa del Estado, la averiguación de los delitos y la intimidad de las personas.

24. d) Verbalmente, por teléfono o por escrito, e incluso telemáticamente.

Se utilizarán los medios de difusión que en cada circunstancia resulten adecuados, potenciando aquellos que permitan la información a distancia, ya se trate de publicaciones, sistemas telefónicos o cualquier otra forma de comunicación que los avances tecnológicos permitan.

25. c) Amablemente.

Es importante ofrecer una cálida acogida al ciudadano que llega a veces «perdido». La acogida la realizará la persona que esté más cerca de él, independientemente del estatus o categoría. Se le preguntará qué desea y a quién quiere ver. Si no es para nosotros, le preguntaremos si puede esperar unos segundos mientras comunicamos a la persona en cuestión que tiene una visita. Esta deferencia le hará sentirse cómodo y facilitará la solución del problema que trae.

SUPUESTO N.º 2

Supuesto sobre correspondencia

1. A Claudia Moreno, que trabaja en la sede central de un organismo público, se le entrega un sobre cerrado con algún tipo de escrito en su interior para ser enviado como carta ordinaria. ¿Puede ese envío ser considerado como carta?

a) Sí, puesto que va cerrado y su contenido no se indica ni puede conocerse.
b) Solo si así se manifiesta expresamente en el propio sobre.
c) No, ya que al ir cerrado no se puede verificar que el mensaje tenga carácter actual y personal.
d) Sí, si se remite en un sobre normalizado.

2. Un jefe de sección le hace entrega a Claudia, que trabaja en la sede central de un organismo público, una saca con 800 envíos ya ensobrados y cumplimentados para que los franquee y deposite en la oficina de Correos. Claudia observa que en la cubierta de todos ellos figura la expresión "P. D.", que los identifica como:

a) Paquete discrecional.
b) Publicidad directa.
c) Propiedad departamental.
d) Prioridad directivo.

3. Un director de área quiere enviar aproximadamente a 1.000 empresas el catálogo editado por el organismo informando de los nuevos servicios puestos en marcha en sobres normalizados cerrados. ¿Cuál de las siguientes características no es válida para que estos envíos circulen como catálogos?

a) Remitirse a una pluralidad de destinatarios.
b) Que en su cubierta figure la leyenda "catálogos" a efectos de facilitar la identificación de estos envíos.
c) Que se distribuyan en sobres cerrados.
d) Que los 1.000 envíos tengan un mensaje similar, aunque el nombre, la dirección y el número de identificación que se asigne a cada destinatario sean distintos en cada caso.

4. Los catálogos se consideran:

a) Tanto envíos de correspondencia como envíos postales.
b) Envíos de correspondencia, pero no envíos postales.
c) Envíos postales, pero no envíos de correspondencia.
d) No se consideran ni envíos de correspondencia ni envíos postales.

5. ¿Cuál es la actividad consistente en cualquier operación realizada en los locales de destino del operador postal a donde ha sido transportado el envío postal de forma inmediatamente previa a su entrega final al destinatario del mismo?

a) Clasificación.
b) Admisión.
c) Transporte.
d) Distribución.

6. ¿Cuál de estas características ha de saber Claudia que NO es propia de un envío certificado?

a) Entrega en propia mano al destinatario del envío.
b) El envío está asegurado -en caso de pérdida, robo o deterioro- por el valor declarado por el remitente.
c) Se envía previo pago de una cantidad predeterminada a tanto alzado.
d) Comporta, a petición del remitente, una prueba de depósito del envío postal o de su entrega al destinatario.

7. Claudia debe saber que, los envíos postales, en tanto no lleguen a poder del destinatario:

a) Serán propiedad del remitente.
b) Serán propiedad del servicio postal.
c) Serán propiedad del destinatario desde el momento que son admitidos por el servicio postal.
d) No tienen propietario.

8. El usuario de los servicios postales:

a) Ha de ser una persona física.
b) Es el remitente del envío.
c) Es el destinatario del envío.
d) Es la persona física o jurídica que se beneficie de su prestación como remitente o como destinatario.

9. Claudia ha de saber que, para que se puedan incluir en el ámbito del servicio postal universal, los paquetes postales:

a) No podrán tener valor comercial.
b) Han de contener comunicaciones escritas.
c) No podrán superar los 20 kilogramos de peso.
d) Han de circular en el régimen ordinario.

10. En el caso que Claudia interponga una reclamación ante el operador postal por deterioro o incumplimiento de las normas de calidad del servicio, su reclamación deberá ser resuelta conforme a derecho y notificada a Claudia en el plazo máximo, desde su presentación, de:

a) 15 días.
b) Un mes.
c) Dos meses.
d) Tres meses.

11. En ningún caso Claudia podrá enviar por correo postal los objetos siguientes:

a) Medicamentos sujetos a prescripción.
b) Animales vivos.
c) Monedas, billetes de banco y cheques de viaje.
d) Objetos que puedan manchar o deteriorar otros envíos.

12. Las solicitudes, escritos y comunicaciones que los ciudadanos o entidades dirijan, a través del operador al que se le ha encomendado la prestación del servicio postal universal, a alguna de las dependencias del edificio público en el que trabaja Claudia, se presentarán:

a) De forma individualizada en sobre abierto.
b) De forma conjunta en sobre cerrado.
c) De forma conjunta en sobre abierto.
d) De forma individualizada en sobre cerrado.

13. ¿Puede Claudia, como persona autorizada, rehusar un paquete postal después de examinarlo interiormente?

a) Las personas autorizadas no pueden examinar los paquetes postales interiormente, solo exteriormente.
b) Sí, puede rehusar cualquier paquete postal recibido en los últimos cinco días, por no encontrarse presente el destinatario final y siempre que lo examine interiormente en presencia del empleado postal.
c) Ningún paquete postal puede ser rehusado una vez se examine interiormente.
d) Sí, siempre en el momento de la entrega y en presencia del empleado postal, en aquellos supuestos en que existan indicios apreciables en el exterior de que el contenido pudiera estar dañado.

14. Claudia, como persona autorizada en el edificio público en que trabaja como Ordenanza, recibe la comunicación del operador postal, de que un envío postal remitido por el Centro ha sido imposible de entregar. ¿De qué plazo dispone Claudia (como remitente) para su recuperación o para la modificación de la dirección postal?

a) 7 días.
b) 10 días.
c) 15 días.
d) 20 días.

Solución al supuesto n.º 2

1. a) Sí, puesto que va cerrado y su contenido no se indica ni puede conocerse.

Se considera carta todo envío cerrado cuyo contenido no se indique ni pueda conocerse, así como toda comunicación materializada en forma escrita sobre soporte físico de cualquier naturaleza que tenga carácter actual y personal.

En todo caso, tendrán la consideración de carta los envíos de recibos, facturas, documentos de negocios, estados financieros y cualesquiera otros mensajes que no sean idénticos. Las cartas pueden circular: ordinarias, certificadas, con aviso de recibo, contra reembolso, urgentes y con valor declarado.

2. b) Publicidad directa.

Se considera publicidad directa el envío que se destina a la promoción y venta de bienes y servicios. Contienen anuncios, estudios de mercado, publicidad o un mensaje similar. Estas comunicaciones se remiten a más de quinientos destinatarios, su distribución se efectúa en sobre abierto, para facilitar la inspección postal, y en sus cubiertas figura la expresión P. D. a efectos de facilitar la identificación de estos envíos.

3. c) Que se distribuyan en sobres cerrados.

Los catálogos deben distribuirse en sobre abierto para facilitar la inspección postal.

4. c) Envíos postales, pero no envíos de correspondencia.

El catálogo es un envío destinado a la promoción y venta de bienes y servicios que reúna además los siguientes requisitos:

1.º Que esté formado por cualquier comunicación que contenga direcciones, puntos de venta u oferta de productos.

2.º Que contenga un mensaje similar, aunque el nombre, la dirección y el número de identificación que se asigne a sus destinatarios sean distintos en cada caso.

3.º Que se remita a una pluralidad de destinatarios.

4.º Que circule en sobre abierto o que permita la apertura, para facilitar la inspección postal.

5.º Que en su cubierta figure la leyenda «catálogos», a efectos de facilitar la identificación de estos envíos.

5. d) Distribución.

El artículo 3.1 de la Ley 43/2010, de 30 de diciembre dispone que la distribución es la actividad consistente en cualquier operación realizada en los locales de destino del operador postal a donde ha sido transportado el envío postal de forma inmediatamente previa a su entrega final al destinatario del mismo.

6. b) El envío está asegurado -en caso de pérdida, robo o deterioro- por el valor declarado por el remitente.

Según el artículo 3.4 de la Ley 43/2010, un servicio de envío certificado es aquel que, previo pago de una cantidad predeterminada a tanto alzado, comporta una garantía fija contra los riesgos de pérdida, robo o deterioro, y que facilita al remitente, en su caso y a petición de éste, una prueba de depósito del envío postal o de su entrega al destinatario.

7. a) Serán propiedad del remitente.

Los envíos postales, en tanto no lleguen a poder del destinatario, serán propiedad del remitente, quien podrá, mediante el pago de las tarifas o precios correspondientes, recuperarlos o modificar su dirección, siempre que las operaciones necesarias para localizarlos no perturben la marcha regular de la prestación del servicio postal.

8. d) Es la persona física o jurídica que se beneficie de su prestación como remitente o como destinatario.

Se considera usuario de los servicios postales, la persona física o jurídica que se beneficie de su prestación como remitente o como destinatario, cualquiera que sea la naturaleza, pública o privada, del operador que los preste.

9. c) No podrán superar los 20 kilogramos de peso.

Se incluyen en el ámbito del servicio postal universal las actividades de recogida, admisión, clasificación, transporte, distribución y entrega de envíos postales nacionales y transfronterizos en régimen ordinario de paquetes postales, con o sin valor comercial, de hasta 20 kilogramos de peso.

10. b) Un mes.

11. d) Objetos que puedan manchar o deteriorar otros envíos.

No pueden incluirse en ninguna clase de envíos postales los objetos cuya naturaleza o embalaje puedan constituir un peligro para los empleados de los operadores postales que los manipulan o el público en general, o que puedan manchar o deteriorar otros envíos, el equipo postal o los bienes de terceros.

12. a) De forma individualizada en sobre abierto.

13. d) Sí, siempre en el momento de la entrega y en presencia del empleado postal, en aquellos supuestos en que existan indicios apreciables en el exterior de que el contenido pudiera estar dañado.

14. c) 15 días.

Supuesto sobre máquinas reproductoras

1. Un directivo de un organismo entrega a un portero o conserje una carpeta que contiene un documento grapado por el ángulo superior izquierdo de 25 hojas DIN-A4 escritas a una cara y le pide que saque 10 copias a dos caras en papel DIN-A4 de 90 gramos y que las prepare igualmente grapadas por el ángulo superior izquierdo. Para realizar el encargo, el portero o conserje cargará la fotocopiadora con papel de la siguiente medida:

    a) 148 x 105 mm.
    b) 215 x 315 mm.
    c) 297 x 210 mm.
    d) 279,4 x 215,9 mm.

2. Teniendo en cuenta la siguiente imagen delantera izquierda y delantera derecha de una fotocopiadora, los casetes donde se carga el papel para las fotocopias están identificados con el/los número/s:

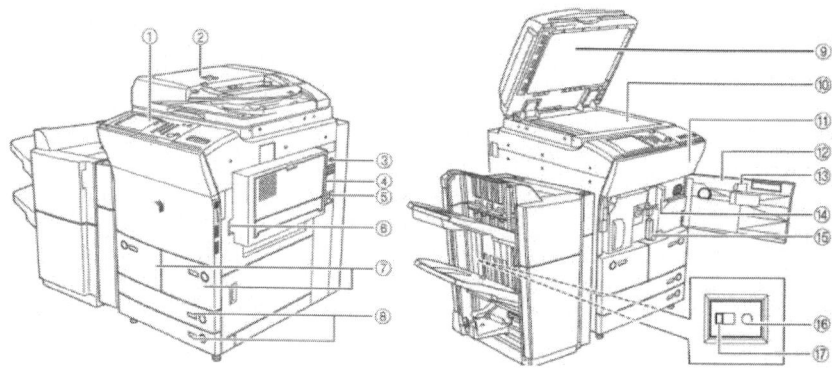

    a) 2.
    b) 7 y 8.
    c) 12.
    d) 4.

3. Si durante el funcionamiento de la fotocopiadora aparece iluminada la tecla de función número 4 significa que:

1		2		3		4		5		6		7		8	
9		10		11		12		13		14		15		16	

a) Se ha producido un atasco de papel.
b) La máquina se ha quedado sin papel.
c) La fotocopiadora se está quedando sin tóner.
d) El original tiene poco contraste.

4. Si la que se enciende es la tecla número 3 la máquina nos estará advirtiendo de que:

1		2		3		4		5		6		7		8	
9		10		11		12		13		14		15		16	

a) Se ha producido un atasco de papel.
b) La máquina se ha quedado sin papel.
c) La fotocopiadora se está quedando sin tóner.
d) El original tiene poco contraste.

5. En las siguientes imágenes de una fotocopiadora, ¿qué número indica el panel de control?

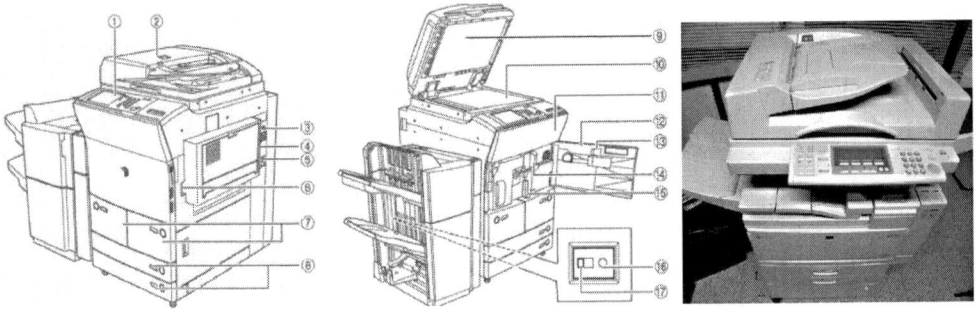

a) 1.
b) 8.
c) 10.
d) 2.

6. En la siguiente imagen que representa la pantalla táctil del panel de control de una fotocopiadora, el fotocopiado a doble cara se programa con la tecla identificada con el número:

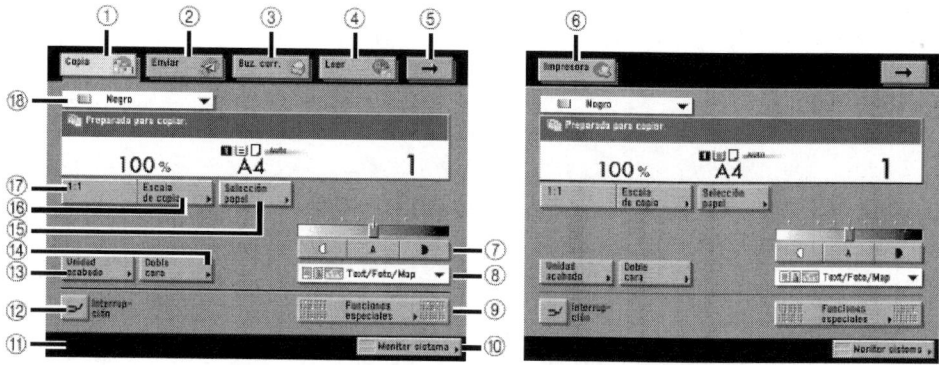

Pantalla de funciones básicas de copia

a) 1.
b) 4.
c) 14.
d) 16.

7. En la siguiente imagen de teclas de función de una fotocopiadora, identificamos el dibujo que indica que el original es a una cara y las copias a dos, con la que lleva el número:

1		2		3		4		5		6		7		8	
9		10		11		12		13		14		15		16	

a) 6.
b 12.
c) 16.
d) 11.

8. El formato de papel cuyo tamaño es justo el resultado de doblar por la mitad más larga un DIN-A4 es el DIN:

a) A2.
b) A3.
c) B4.
d) A5.

9. Teniendo por delante la imagen que representa el panel de control de la foto-copiadora, ¿cómo ha de proceder el operario si selecciona 11 copias cuando quería seleccionar 10?

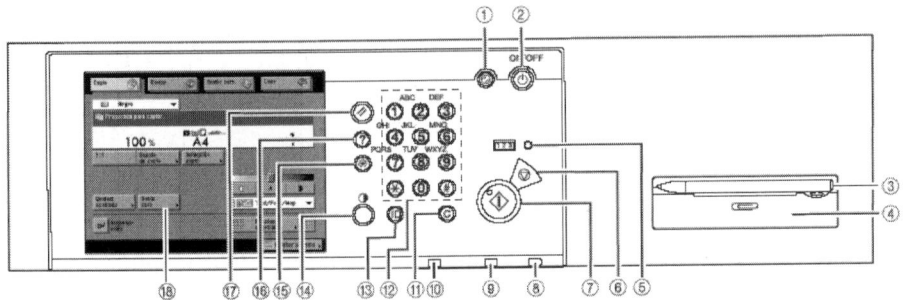

a) Lo mejor es pulsar la tecla de inicio (identificada con el número 7), dejar que la máquina haga las 11 copias y tirar a la basura una de ellas.

b) Darle a la tecla de inicio y dejar que la máquina empiece a hacer las copias indicadas. En el momento que salga la última hoja de la copia 10, el portero o conserje pulsará la tecla de detener (identificada con el número 6) antes de que arrastre la primera hoja correspondiente a la copia 11.

c) Reiniciará pulsando la tecla identificada con el número 17 y volverá a incluir todos los datos referidos al encargo con cuidado de no volver a equivocarse.

d) Simplemente pulsará la tecla de borrar (identificada en la figura con el número 11), con lo que se borrará la última cifra marcada (1) y, en su lugar, tecleará el 0. La máquina entenderá que ha de efectuar 10 copias.

10. Un directivo de un organismo entrega a un portero o conserje una carpeta que contiene un documento grapado por el ángulo superior izquierdo de 25 hojas DIN-A4 escritas a una cara y le pide que saque 10 copias a dos caras en papel DIN-A4 de 90 gramos y que las prepare igualmente grapadas por el ángulo superior izquierdo. ¿Cuántas hojas de papel DIN-A4 necesitará el portero o conserje para hacer el encargo?

a) 130.
b) 125.
c) 250.
d) 500.

11. En la fotocopiadora, si el portero o conserje utiliza la escala de ampliación del 200 %, significa que:

a) Amplía el tamaño de la copia en su totalidad 200 veces.
b) Amplía el doble el tamaño de la copia en su totalidad.
c) Amplía el tamaño de la copia en su anchura 200 veces.
d) Amplía la resolución de la copia 200 veces.

12. Un portero o conserje debe hacer en tamaño folio 50 copias a una cara de un documento de 10 páginas. En una estantería cuenta con paquetes de papel de diversas medidas. ¿Cuál es el que debe emplear para esta tarea?

a) 256 mm x 364 mm.
b) 355,6 mm x 219,9 mm.
c) 215 mm x 315 mm.
d) 210 mm x 297 mm.

13. En la siguiente imagen de un fax, ¿qué parte se identifica con el número 4?

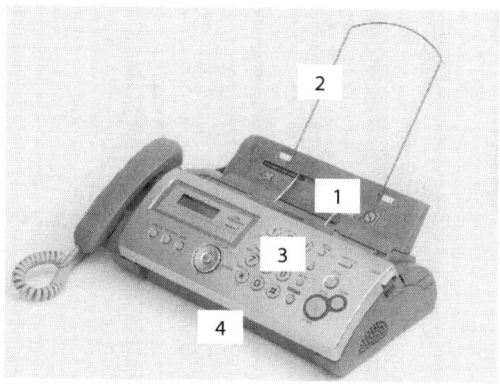

a) Soporte para los documentos a enviar.
b) Guías de ajuste del papel.
c) Salida de documentos leídos.
d) Bandeja de salida del papel enviado.

14. En la imagen del panel de control del fax, ¿con qué número están señaladas las teclas numéricas que se utilizan para marcar los números de teléfono?

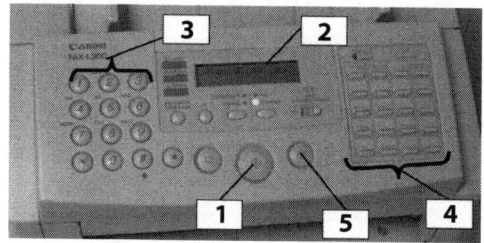

Componente n.º
1
2
3
4
5

a) 1.
b) 2.
c) 3.
d) 4.

15. ¿Cuál de las siguientes condiciones ambientales está dentro de lo recomendable para una buena conservación del papel almacenado?

a) 10 ºC.
b) 30 % de humedad relativa.
c) 30 ºC.
d) 45-60 % de humedad relativa.

16. Si un ordenanza o portero debe emplear para un encargo papel con formato A4 de 80 gramos, ¿qué significa?

a) Que cada página pesa 80 gramos.
b) Que una resma de ese papel pesa 80 gramos.
c) Que un metro cuadrado de ese papel pesa 80 gramos.
d) Que un cuadernillo estándar de ese papel pesa 80 gramos.

17. Si el ordenanza o portero tuviera que cambiar el tóner del fax, después de extraer el viejo sacaría uno nuevo de su bolsa protectora y antes de introducirlo en su lugar correspondiente:

a) Agitará enérgicamente el cartucho varias veces.
b) Lo dejará unos minutos al aire libre para que se airee.
c) Limpiará con alcohol los rieles por los que se desliza el tóner.
d) Tendrá que avisar rápidamente al servicio técnico para que cambie el tóner lo antes posible.

18. Si el portero o conserje pulsa la tecla "reiniciar" del panel de la fotocopiadora:

a) La máquina descontará las copias hechas y volverá a contabilizar desde la copia 1.
b) La máquina eliminará la configuración de las copias realizadas anteriormente volviendo a la configuración por defecto.
c) La máquina repetirá la tarea con la misma configuración de las copias realizadas con anterioridad.
d) La máquina se apagará y encenderá automáticamente.

19. Al área de reprografía de un organismo llega un empleado con su correspondiente acreditación y le encarga al portero o conserje una fotocopia de una fotografía en blanco y negro. La fotografía es de tamaño 9 x 12 cm, pero la persona que realiza el encargo desea que la amplíe para que ocupe el máximo de un DIN-A5. ¿A qué es similar ese formato?

a) A una tarjeta de visita.
b) Al folio tradicional.
c) Al oficio.
d) A la cuartilla tradicional.

20. Al área de reprografía de un organismo llega un empleado con su correspondiente acreditación y le encarga al portero o conserje una fotocopia de una fotografía en blanco y negro. La fotografía es de tamaño 9 x 12 cm, pero la persona que realiza el encargo desea que la amplíe para que ocupe el máximo de un DIN-A5. ¿Cuál de las siguientes ampliaciones es la más adecuada seleccionar en el panel de control de la fotocopiadora?

a) 100 %.
b) 150 %.
c) 200 %.
d) 300 %.

Solución supuesto n.º 3

1. c) 297 x 210 mm.

Las medidas del formato A4 son 297 x 210 mm. Es el tamaño de papel de uso más corriente en la vida diaria.

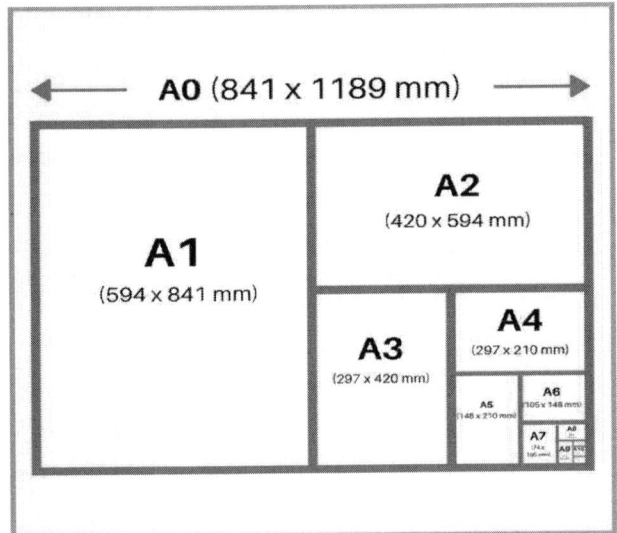

2. b) 7 y 8.

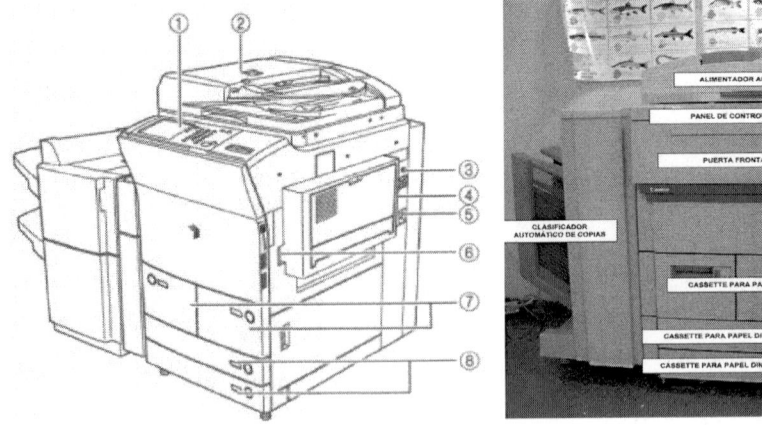

3. a) Se ha producido un atasco de papel.

La imagen número 4 de la ilustración indica que hay papel atascado en algún componente de la fotocopiadora. Hasta que no desaparezca el atasco, no podremos continuar haciendo copias.

4. c) La fotocopiadora se está quedando sin tóner.

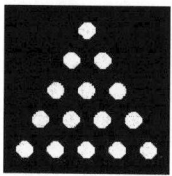

Esta imagen es un aviso que nos indica que debemos reponer tóner a la máquina. No implica que no pueda hacer fotocopias, sino que debe rellenarse pues se terminará próximamente.

5. a) 1.

El panel de control es uno de los elementos básicos de las fotocopiadoras. Puede ser de varios tipos:

- Mediante botones que son pulsados para seleccionar las distintas funciones.
- Mediante un monitor situado sobre la fotocopiadora donde aparecen las distintas funciones seleccionadas.
- Mediante una pantalla táctil.

En cualquier caso, la forma de hacerla operar y las distintas teclas tienen una simbología idéntica, lo que facilita la rápida adaptación de una máquina a otra en caso de cambios.

6. c) 14.

La opción "doble cara" permite hacer copias, como su nombre indica, a partir de originales de una sola cara.

7. d) 11.

La opción "doble cara" permite hacer copias, como su nombre indica, a partir de originales de una sola cara.

8. d) A5.

El formato de papel A5 tiene unas dimensiones de 148 mm x 210 mm. Es el tamaño similar a la cuartilla tradicional.

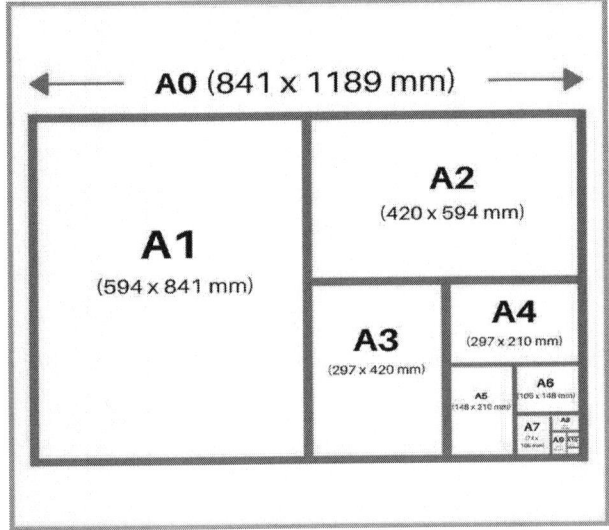

9. d) Simplemente pulsará la tecla de borrar (identificada en la figura con el número 11), con lo que se borrará la última cifra marcada (1) y, en su lugar, tecleará el 0. La máquina entenderá que ha de efectuar 10 copias.

La tecla "borrar" se pulsa para poner a uno el número de copias o para borrar un valor incorrecto introducido al establecer un modo de copia.

10. a) 130.

25 hojas a una cara suponen 13 a doble cara (aunque una quede en blanco). Como al portero o conserje se le piden 10 copias, 13 por 10 hacen un total de 130 hojas.

11. b) Amplía el doble el tamaño de la copia en su totalidad.

El panel de control de las fotocopiadoras de oficina y de las profesionales nos permite ampliar o reducir la copia que vayamos a imprimir. Habitualmente estas fotocopiadoras pueden trabajar tanto a tamaño 1:1, como reducir o ampliar las copias que se desean entre márgenes que suelen oscilar en cuanto a la reducción al 50 % (la mitad) y en cuanto a la ampliación al 200 % (el doble) dependiendo en todo caso de la máquina que se utilice.

12. c) 215 mm x 315 mm.

El formato de papel llamado "folio" tiene unas medidas de 215 mm x 315 mm. A día de hoy su uso es bastante reducido, ya que el formato A4 (210 x 297) ha venido a sustituirlo en el uso cotidiano.

13. c) Salida de documentos leídos.

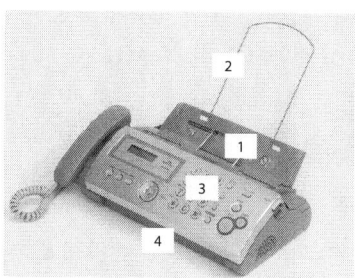

14. c) 3.

Las teclas numéricas se encuentran en el panel de control del fax y se utilizan para marcar los números de teléfono y para introducir texto, números y símbolos al registrar nombres y números en la memoria.

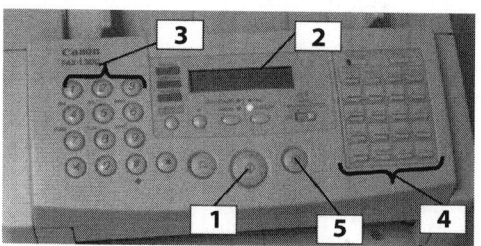

Componente n.º
1
2
3
4
5

15. d) 45-60 % de humedad relativa.

El papel es un material sensible a diversos factores ambientales que pueden deteriorarlo, como por ejemplo la luz, que actúa sobre la lignina de los papeles fabricados con pasta de madera y los oscurece, o la humedad, que es un catalizador químico que provoca reacciones indeseadas. Para garantizar una vida más larga del papel, conviene almacenarlo en un lugar que mantenga las siguientes condiciones ambientales:

– Temperatura: entre 18 y 21 ºC.

– Humedad relativa: 45-60 %.

– Lux: preferentemente debe ser de menos de 100; esto implica que no haya demasiada luz en el lugar donde el papel sea utilizado una vez que se le retira el envoltorio protector. El papel no debe exponerse directamente al sol.

– Ausencia de contaminación ambiental. El papel no debe exponerse al polvo.

16. c) Que un metro cuadrado de ese papel pesa 80 gramos.

El peso de papel en países que usan tamaños de papel estandarizado ISO es definido en términos de gramaje. El estándar ISO define gramaje como los gramos por metro cuadrado (g/m2) de papel. Ya que la superficie de una hoja de papel de A0 es de 1 metro cuadrado, el peso de esa hoja determinará el gramaje de ese papel. Así, si hablamos de un papel cuyo gramaje es 80 gramos, nos estamos refiriendo a que una hoja de ese papel con un formato A0, pesa 80 gramos.

17. a) Agitará enérgicamente el cartucho varias veces.

Los pasos para sustituir el cartucho de tóner son los siguientes:

1. Sin que haya documentos pendientes de envío, ni de recogida, levantar la tapa superior cogiéndola por ambos lados.

2. Sacar el cartucho de tóner usado tirando de la "pestaña" que posee.

3. Sacar el nuevo cartucho de tóner de su bolsa protectora, que debe permanecer cerrada hasta ese momento.

4. Girar enérgicamente el cartucho de un lado a otro unas cinco o seis veces. De esta forma conseguiremos mover el tóner del interior del cartucho evitando que permanezca apelmazado.

18. b) La máquina eliminará la configuración de las copias realizadas anteriormente volviendo a la configuración por defecto.

La tecla para reiniciar se pulsa para hacer que la copiadora regrese al modo estándar de copia, olvidándose de las opciones que hubiéramos seleccionado anteriormente.

19. d) A la cuartilla tradicional.

El formato DIN-A5, con un tamaño de 210 x 148 mm y una superficie de 0,03 m2, es el tamaño similar a la cuartilla tradicional.

20. b) 150 %.

De las opciones de respuesta que ofrece la pregunta, teniendo en cuenta que se pretende una ampliación de la fotografía de 9 x 12 que no exceda de un formato DIN-A5, la única opción posible es la b) 150 %. Dejar la impresión al 100 % implica que la copia tendrá el mismo tamaño que el original, es decir, 9 x 12 centímetros. Las opciones de ampliar al 200 % o al 300 % (el doble o el triple del formato original) no son viables, ya que en ambos casos excederían al tamaño del papel con formato A5 (148 x 210 mm). Con la ampliación al 200 % se obtendría una imagen de 180 x 240 mm y con la del 300 % de 270 x 360 mm.

Supuesto sobre Prevención de Riesgos Laborales

Plácido Pérez, es conserje en un Ayuntamiento de la provincia de Córdoba, cuya población es de unos 9.500 habitantes. Hace 1 año, Plácido fue elegido como Delegado de Personal para representar a los 24 trabajadores del Ayuntamiento, ejerciendo desde entonces también como Delegado de Prevención.

Con esta información conteste a las siguientes preguntas:

Cuestiones

1. ¿Puede Plácido compatibilizar la función de Delegado de Prevención con la de Delegado de Personal?

a) Tiene que ejercer ambas funciones por no superar el Ayuntamiento los 30 trabajadores.
b) Solo si es elegido por y entre la totalidad de Delegados de Personal.
c) No, si no es elegido expresamente para ello por el conjunto de los trabajadores.
d) Solo el Alcalde puede decidir que ejerza de Delegado de Prevención el Delegado de Personal.

2. ¿Cuántos Delegados de Prevención se designarán en el Ayuntamiento de Torrezuela?

a) 8, por tener más de 4.000 habitantes.
b) Ninguno, por tener menos de 30 trabajadores.
c) 2, por contar con menos de 100 trabajadores.
d) 1, por contar con menos de 30 trabajadores.

3. Como Delegado de Prevención, Plácido deberá ser consultado con la debida antelación de la adopción de las decisiones relativas a:

a) Las licitaciones del Ayuntamiento por valor de más de 30.000 euros.
b) La contratación de personal interino.

c) El proyecto y la organización de la formación en materia preventiva.

d) La elección de los días festivos locales.

4. ¿Puede el Ayuntamiento de Torrezuela realizar el Plan de Prevención de Riesgos Laborales, la evaluación de riesgos y la planificación de la actividad preventiva de forma simplificada?

a) No, por tratarse de una Administración Pública.

b) No tiene ninguna obligación de tener Plan de Prevención de Riesgos Laborales, al no superar los 50 trabajadores.

c) Sí, ya que no supera los 25 trabajadores y no hay ningún impedimento por la naturaleza y peligrosidad de las actividades que los trabajadores realizan.

d) No, porque supera los 20 trabajadores.

5. ¿Podrá Plácido realizar visitas a los lugares de trabajo para vigilar y controlar el estado de las condiciones de trabajo de los trabajadores del Ayuntamiento?

a) Sí, sin alterar el normal funcionamiento de las correspondientes unidades.

b) Sí, siempre que no se comunique durante la jornada con los trabajadores.

c) No, porque eso supondría que abandona su puesto de trabajo.

d) Solo puede realizar ese tipo de visitas si va acompañado por algún representante legal del Ayuntamiento.

6. ¿Puede Plácido acompañar a los Inspectores de Trabajo y Seguridad Social en las visitas y verificaciones que realicen en los centros de trabajo del Ayuntamiento para comprobar el cumplimiento de la normativa sobre prevención de riesgos laborales?

a) Está obligado a asistir a esas visitas.

b) Puede asistir, pero no puede realizar observaciones o comentarios que afecten a las decisiones de los inspectores.

c) No puede asistir en ningún caso sin autorización expresa del Alcalde.

d) Sí puede acompañarles, e incluso formular ante ellos las observaciones que estime oportunas.

7. ¿Debe tener el Ayuntamiento de Torrezuela un Comité de Seguridad y Salud?

a) Sí, ya que la población supera los 3.000 habitantes.

b) No, ya que el ayuntamiento no cuenta con 50 trabajadores.

c) No, por tratarse de una administración pública.

d) Sí, por el mero hecho de existir la figura del Delegado de Prevención.

8. Plácido contará en el ejercicio de su función representativa de un crédito de horas mensuales, dentro de la jornada de trabajo y retribuidas como de trabajo efectivo, de:

a) 15 horas.

b) 20 horas.

c) 25 horas.
d) 30 horas.

9. En todo lo referente a temas internos del Ayuntamiento, Plácido estará obligado a:

a) Observar sigilo profesional, hasta un año después a la expiración de su mandato.
b) Observar sigilo profesional en aquellos temas en que el Ayuntamiento señale expresamente el carácter reservado, aun después de expirar su mandato.
c) Notificarlo a los trabajadores.
d) Observar sigilo profesional en aquellos temas en que el Ayuntamiento señale expresamente el carácter reservado, hasta el momento de expiración de su mandato.

10. ¿Puede Plácido ser sancionado por acciones en el ejercicio de su representación?

a) No, en ningún momento durante ni después de que expire su mandato.
b) No durante el ejercicio de sus funciones; tras la expiración de su mandato, sí.
c) No durante el ejercicio de sus funciones ni dentro del año siguiente a la expiración de su mandato, salvo en caso de que esta se produzca por revocación o dimisión.
d) Sí, en todo momento y en todo caso, siempre que no suponga discriminación en su promoción económica o profesional.

11. Por regla general, Plácido tendrá un plazo para la elaboración de los informes que deba emitir a tenor de las consultas preceptivas del ayuntamiento en materia de seguridad y salud en el trabajo, de:

a) 7 días.
b) 10 días.
c) 15 días.
d) 20 días.

12. En relación con la vigilancia de la salud:

a) Plácido debe ser informado de los resultados de la vigilancia de la salud de todos los trabajadores.
b) Corresponde a Plácido comunicar los resultados a cada trabajador.
c) Plácido está obligado a someterse a las pruebas y reconocimientos que proponga el Ayuntamiento.
d) Plácido velará porque las medidas de vigilancia y control de la salud de los trabajadores se lleven a cabo respetando el derecho a la intimidad y la dignidad de la persona del trabajador.

13. ¿Puede el Ayuntamiento negarse a la adopción de medidas para la mejora de los niveles de protección de la seguridad y la salud de sus trabajadores, que hayan sido propuestas por Plácido como Delegado de Prevención?

a) No, dichas propuestas serán de obligado cumplimiento.
b) Sí, por supuesto.

c) Sí, motivadamente.
d) No, si son económica y técnicamente realizables.

14. ¿Está legitimado Plácido para la distribución libre de todo tipo de publicaciones entre los trabajadores del Ayuntamiento?

a) Solo si se refieren a cuestiones profesionales.
b) Solo si se refieren a cuestiones sindicales.
c) Sí, ya se refieran a cuestiones profesionales o sindicales.
d) No, en ningún caso sin permiso del Alcalde.

15. ¿Puede hacer uso Plácido fuera del ámbito del Ayuntamiento de Torrezuela, como Delegado de Prevención, de un documento reservado entregado por el Ayuntamiento?

a) Sí, si omite los nombres de las personas mencionadas en el documento.
b) Solo cuando expire su mandato.
c) Puede utilizarlo para cualquier fin, siempre que sea en el estricto ámbito del Ayuntamiento.
d) No puede utilizarlo fuera del estricto ámbito del Ayuntamiento.

16. Con respecto a la ejecución de la normativa sobre prevención de riesgos laborales, compete a Plácido, como Delegado de Prevención:

a) Sancionar a los trabajadores que incumplan sus obligaciones.
b) Denunciar a los trabajadores que incumplan sus obligaciones.
c) Exigir a los trabajadores el cumplimiento de sus obligaciones.
d) Promover y fomentar la cooperación de los trabajadores.

17. ¿Debe ser informado Plácido por el Ayuntamiento de los daños producidos en la salud de un trabajador del Ayuntamiento que acaba de sufrir un accidente laboral?

a) Sí.
b) Solo si está dentro de su jornada laboral.
c) No hay obligación de informarle.
d) Solo si se trata de un suceso grave.

18. Por el hecho de ser Plácido Delegado de Prevención, ¿formará parte del Servicio de Prevención propio del Ayuntamiento?

a) Sí, en todo caso.
b) Sí, a menos que delegue en otro trabajador.
c) No puede formar parte del Servicio de Prevención en ningún caso.
d) No.

19. Si ante un riesgo grave e inminente Plácido, como Delegado de Prevención, adopta la medida de paralización de la actividad, ¿puede sufrir algún tipo de perjuicio a causa de ello?

a) No, en ningún caso.
b) No, si lo comunica de inmediato al Ayuntamiento y a la autoridad laboral.
c) Sí, si se demuestra que obró de mala fe o que cometió negligencia grave.
d) Sí, si no lo consultó previamente con el Alcalde.

20. ¿Debe consultar el Ayuntamiento con Plácido, como representante de los trabajadores, la designación de los trabajadores encargados de las medidas de emergencia?

a) Debe consultarlo con la debida antelación.
b) Basta con que le informen de la decisión tomada, antes de que dichos trabajadores asuman esas tareas.
c) No está obligado el Ayuntamiento a dicha consulta, ya que cuenta con menos de 50 trabajadores en plantilla.
d) Se le informará con antelación, pero no se le consultará.

Solución al supuesto n.º 4

1 **a) Tiene que ejercer ambas funciones por no superar el Ayuntamiento los 30 trabajadores.**

– Ley 31/1995, de 8 de noviembre, de prevención de Riesgos Laborales, Capítulo V, artículo 35.2:

Los Delegados de Prevención serán designados por y entre los representantes del personal, en el ámbito de los órganos de representación previstos en las normas a que se refiere el artículo anterior, con arreglo a la siguiente escala:

* De 50 a 100 trabajadores: 2 Delegados de Prevención.

* De 101 a 500 trabajadores: 3 Delegados de Prevención.

* De 501 a 1.000 trabajadores: 4 Delegados de Prevención.

* De 1.001 a 2.000 trabajadores: 5 Delegados de Prevención.

* De 2.001 a 3.000 trabajadores: 6 Delegados de Prevención.

* De 3.001 a 4.000 trabajadores: 7 Delegados de Prevención.

* De 4.001 en adelante: 8 Delegados de Prevención.

En las empresas de hasta treinta trabajadores el Delegado de Prevención será el Delegado de Personal. En las empresas de treinta y uno a cuarenta y nueve trabajadores habrá un Delegado de Prevención que será elegido por y entre los Delegados de Personal.

2. **d) 1, por contar con menos de 30 trabajadores.**

Ley 31/1995, de 8 de noviembre, de prevención de Riesgos Laborales, Capítulo V, artículo 35.2:

(…)

En las empresas de hasta treinta trabajadores el Delegado de Prevención será el Delegado de Personal. (…)

3. **c) El proyecto y la organización de la formación en materia preventiva.**

Ley 31/1995, de 8 de noviembre, de prevención de Riesgos Laborales, Capítulo V, artículos 36.1.c) y 33.1.d):

Artículo 36.1.c):

1. Son competencias de los Delegados de Prevención:

(..)

c) Ser consultados por el empresario, con carácter previo a su ejecución, acerca de las decisiones a que se refiere el artículo 33 de la presente Ley.

Artículo 33.1.d):

1. El empresario deberá consultar a los trabajadores, con la debida antelación, la adopción de las decisiones relativas a:

   (…)

e) El proyecto y la organización de la formación en materia preventiva.

4. c) Sí, ya que no supera los 25 trabajadores y no hay ningún impedimento por la naturaleza y peligrosidad de las actividades que los trabajadores realizan.

Ley 31/1995, de 8 de noviembre, de prevención de Riesgos Laborales, Disposición adicional decimoséptima:

En cumplimiento del apartado 5 del artículo 5 y de los artículos 7 y 8 de esta Ley, el Ministerio de Trabajo y el Instituto Nacional de Seguridad y Salud en el Trabajo, en colaboración con las Comunidades Autónomas y los agentes sociales, prestarán un asesoramiento técnico específico en materia de seguridad y salud en el trabajo a las empresas de hasta veinticinco trabajadores.

Esta actuación consistirá en el diseño y puesta en marcha de un sistema dirigido a facilitar al empresario el asesoramiento necesario para la organización de sus actividades preventivas, impulsando el cumplimiento efectivo de las obligaciones preventivas de forma simplificada.»

5. a) Sí, sin alterar el normal funcionamiento de las correspondientes unidades.

Ley 31/1995, de 8 de noviembre, de prevención de Riesgos Laborales, Capítulo V, artículo 36.2.e):

2. En el ejercicio de las competencias atribuidas a los Delegados de Prevención, éstos estarán facultados para:

   (…)

e) Realizar visitas a los lugares de trabajo para ejercer una labor de vigilancia y control del estado de las condiciones de trabajo, pudiendo, a tal fin, acceder a cualquier zona de los mismos y comunicarse durante la jornada con los trabajadores, de manera que no se altere el normal desarrollo del proceso productivo.

6. d) Sí puede acompañarles, e incluso formular ante ellos las observaciones que estime oportunas.

Ley 31/1995, de 8 de noviembre, de prevención de Riesgos Laborales, Capítulo V, artículo 36.2.a):

2. En el ejercicio de las competencias atribuidas a los Delegados de Prevención, éstos estarán facultados para:

a) Acompañar a los técnicos en las evaluaciones de carácter preventivo del medio ambiente de trabajo, así como, en los términos previstos en el artículo 40 de esta Ley, a los Inspectores de Trabajo y Seguridad Social en las visitas y verificaciones que realicen en los centros de trabajo para comprobar el cumplimiento de la normativa sobre prevención de riesgos laborales, pudiendo formular ante ellos las observaciones que estimen oportunas.

7. b) No, ya que el ayuntamiento no cuenta con 50 trabajadores.

Ley 31/1995, de 8 de noviembre, de prevención de Riesgos Laborales, Capítulo V, artículo 38.2:

2. Se constituirá un Comité de Seguridad y Salud en todas las empresas o centros de trabajo que cuenten con 50 o más trabajadores

8. a) 15 horas.

Ley 31/1995, de 8 de noviembre, de prevención de Riesgos Laborales, Capítulo V, artículo 37.1 y artículo 68 del Real Decreto Legislativo 2/2015, de 23 de octubre, por el que se aprueba el texto refundido de la Ley del Estatuto de los Trabajadores:

Artículo 37.1 Ley 31/1995:

1. Lo previsto en el artículo 68 del Estatuto de los Trabajadores en materia de garantías será de aplicación a los Delegados de Prevención en su condición de representantes de los trabajadores.

   El tiempo utilizado por los Delegados de Prevención para el desempeño de las funciones previstas en esta Ley será considerado como de ejercicio de funciones de representación a efectos de la utilización del crédito de horas mensuales retribuidas previsto en la letra e) del citado artículo 68 del Estatuto de los Trabajadores.

Artículo 68 Estatuto de los Trabajadores:

Los miembros del comité de empresa y los delegados de personal, como representantes legales de los trabajadores, tendrán, a salvo de lo que se disponga en los convenios colectivos, las siguientes garantías: (…)

e) Disponer de un crédito de horas mensuales retribuidas cada uno de los miembros del comité o delegado de personal en cada centro de trabajo, para el ejercicio de sus funciones de representación, de acuerdo con la siguiente escala:

   1.º Hasta cien trabajadores, quince horas.

   (…)

9. b) Observar sigilo profesional en aquellos temas en que el Ayuntamiento señale expresamente el carácter reservado, aun después de expirar su mandato.

El articulo 41 del Estatuto Básico del Empleado Público aplicable a los Delegados de Prevención en las Administraciones Públicas, indica en el apartado 3 que:

"Cada uno de los miembros de la Junta de Personal y ésta como órgano colegiado, así como los Delegados de Personal, en su caso, observarán sigilo profesional en todo lo referente a los asuntos en que la Administración señale expresamente el carácter reservado, **aún después de expirar su mandato**".

10. c) No durante el ejercicio de sus funciones ni dentro del año siguiente a la expiración de su mandato, salvo en caso de que esta se produzca por revocación o dimisión.

Real Decreto Legislativo 2/2015, de 23 de octubre, por el que se aprueba el texto refundido de la Ley del Estatuto de los Trabajadores, Título II, artículo 68.c):

Los miembros del comité de empresa y los delegados de personal, como representantes legales de los trabajadores, tendrán, a salvo de lo que se disponga en los convenios colectivos, las siguientes garantías:

(…)

c)   No ser despedido ni sancionado durante el ejercicio de sus funciones ni dentro del año siguiente a la expiración de su mandato, salvo en caso de que esta se produzca por revocación o dimisión, siempre que el despido o sanción se base en la acción del trabajador en el ejercicio de su representación, sin perjuicio, por tanto, de lo establecido en el artículo 54. Asimismo, no podrá ser discriminado en su promoción económica o profesional en razón, precisamente, del desempeño de su representación.

11. c) 15 días.

1.   Ley 31/1995, de 8 de noviembre, de prevención de Riesgos Laborales, Capítulo V, Capítulo V, artículo 36:

En las empresas que, de acuerdo con lo dispuesto en el apartado 2 del artículo 38 de esta Ley, no cuenten con Comité de Seguridad y Salud por no alcanzar el número mínimo de trabajadores establecido al efecto, las competencias atribuidas a aquél en la presente Ley serán ejercidas por los Delegados de Prevención.

2.   Real Decreto Legislativo 2/2015, de 23 de octubre, por el que se aprueba el texto refundido de la Ley del Estatuto de los Trabajadores, Título II, artículo 64:

El comité de empresa tendrá derecho a emitir informe, con carácter previo a la ejecución por parte del empresario de las decisiones adoptadas por este, sobre las siguientes cuestiones: (…)

Los informes que deba emitir el comité de empresa tendrán que elaborarse en el plazo máximo de quince días desde que hayan sido solicitados y remitidas las informaciones correspondientes.

12. d) Plácido velará porque las medidas de vigilancia y control de la salud de los trabajadores se lleven a cabo respetando el derecho a la intimidad y la dignidad de la persona del trabajador.

Ley 31/1995, de 8 de noviembre, de prevención de Riesgos Laborales, Capítulo V, artículo 36:

1.   Son competencias de los Delegados de Prevención: (…)

d)   Ejercer una labor de vigilancia y control sobre el cumplimiento de la normativa de prevención de riesgos laborales.

Asimismo, el artículo 22.2 señala: Las medidas de vigilancia y control de la salud de los trabajadores se llevarán a cabo respetando siempre el derecho a la intimidad y a la dignidad de la persona del trabajador y la confidencialidad de toda la información relacionada con su estado de salud.

13.c) Sí, motivadamente.

Ley 31/1995, de 8 de noviembre, de prevención de Riesgos Laborales, Capítulo V, artículo 36.4:

4. La decisión negativa del empresario a la adopción de las medidas propuestas por el Delegado de Prevención a tenor de lo dispuesto en la letra f) del apartado 2 de este artículo deberá ser motivada.

Dicho apartado 2.f) señala que "en el ejercicio de las competencias atribuidas a los Delegados de Prevención, éstos estarán facultados para:

(…)

f) Recabar del empresario la adopción de medidas de carácter preventivo y para la mejora de los niveles de protección de la seguridad y la salud de los trabajadores, pudiendo a tal fin efectuar propuestas al empresario, así como al Comité de Seguridad y Salud para su discusión en el mismo.

14.c) Sí, ya se refieran a cuestiones profesionales o sindicales.

1. Ley 31/1995, de 8 de noviembre, de prevención de Riesgos Laborales, Capítulo V, Capítulo V, artículo 36:

En las empresas que, de acuerdo con lo dispuesto en el apartado 2 del artículo 38 de esta Ley, no cuenten con Comité de Seguridad y Salud por no alcanzar el número mínimo de trabajadores establecido al efecto, las competencias atribuidas a aquél en la presente Ley serán ejercidas por los Delegados de Prevención

2. Real Decreto Legislativo 2/2015, de 23 de octubre, por el que se aprueba el texto refundido de la Ley del Estatuto de los Trabajadores, Título II, artículo 64.7.e):

7.El comité de empresa tendrá también las siguientes competencias:

(…)

e) Informar a sus representados en todos los temas y cuestiones señalados en este artículo en cuanto directa o indirectamente tengan o puedan tener repercusión en las relaciones laborales.

15.d) No puede utilizarlo fuera del estricto ámbito del Ayuntamiento.

Ley 31/1995, de 8 de noviembre, de prevención de Riesgos Laborales Capítulo V, artículo 37.3 y Real Decreto Legislativo 2/2015, de 23 de octubre, por el que se aprueba el texto refundido de la Ley del Estatuto de los Trabajadores, Título II, artículo 65:

Artículo 37.3 Ley 31/1995:

3. A los Delegados de Prevención les será de aplicación lo dispuesto en el apartado 2 del artículo 65 del Estatuto de los Trabajadores en cuanto al sigilo profesional debido respecto de las informaciones a que tuviesen acceso como consecuencia de su actuación en la empresa.

Artículo 65.2 Estatuto de los Trabajadores:

2. Los miembros del comité de empresa y este en su conjunto, así como, en su caso, los expertos que les asistan, deberán observar el deber de sigilo con respecto a aquella información que, en legítimo y objetivo interés de la empresa o del centro de trabajo, les haya sido expresamente comunicada con carácter reservado.

16.d) Promover y fomentar la cooperación de los trabajadores.

Ley 31/1995, de 8 de noviembre, de prevención de Riesgos Laborales, Capítulo V, artículo 36:

1. Son competencias de los Delegados de Prevención: (…)

   b) Promover y fomentar la cooperación de los trabajadores en la ejecución de la normativa sobre prevención de riesgos laborales.

17.a) Sí.

Ley 31/1995, de 8 de noviembre, de prevención de Riesgos Laborales Capítulo V, artículo 37.3 y Real Decreto Legislativo 2/2015, de 23 de octubre, por el que se aprueba el texto refundido de la Ley del Estatuto de los Trabajadores, Título II, artículo 65:

Artículo 37.3 Ley 31/1995:

3. A los Delegados de Prevención les será de aplicación lo dispuesto en el apartado 2 del artículo 65 del Estatuto de los Trabajadores en cuanto al sigilo profesional debido respecto de las informaciones a que tuviesen acceso como consecuencia de su actuación en la empresa.

Artículo 64.1 Estatuto de los Trabajadores:

1. El comité de empresa tendrá derecho a ser informado y consultado por el empresario sobre aquellas cuestiones que puedan afectar a los trabajadores, así como sobre la situación de la empresa y la evolución del empleo en la misma, en los términos previstos en este artículo.

18.d) No.

Ley 31/1995, de 8 de noviembre, de prevención de Riesgos Laborales, Capítulo IV, artículo 30.1:

1. En cumplimiento del deber de prevención de riesgos profesionales, el empresario designará uno o varios trabajadores para ocuparse de dicha actividad, constituirá un servicio de prevención o concertará dicho servicio con una entidad especializada ajena a la empresa.

19.c) Sí, si se demuestra que obró de mala fe o que cometió negligencia grave.

Ley 31/1995, de 8 de noviembre, de prevención de Riesgos Laborales, Capítulo III, artículo 21:

4. Los trabajadores o sus representantes no podrán sufrir perjuicio alguno derivado de la adopción de las medidas a que se refieren los apartados anteriores, a menos que hubieran obrado de mala fe o cometido negligencia grave.

20.a) Debe consultarlo con la debida antelación.

Ley 31/1995, de 8 de noviembre, de prevención de Riesgos Laborales, Capítulo III, artículo 18.1.c) y 20:

Artículo 18.1.c):

1. A fin de dar cumplimiento al deber de protección establecido en la presente Ley, el empresario adoptará las medidas adecuadas para que los trabajadores reciban todas las informaciones necesarias en relación con:

   (…)

   c) Las medidas adoptadas de conformidad con lo dispuesto en el artículo 20 de la presente Ley.

Artículo 20:

El empresario, teniendo en cuenta el tamaño y la actividad de la empresa, así como la posible presencia de personas ajenas a la misma, deberá analizar las posibles situaciones de emergencia y adoptar las medidas necesarias en materia de primeros auxilios, lucha contra incendios y evacuación de los trabajadores, designando para ello al personal encargado de poner en práctica estas medidas y comprobando periódicamente, en su caso, su correcto funcionamiento. El citado personal deberá poseer la formación necesaria, ser suficiente en número y disponer del material adecuado, en función de las circunstancias antes señaladas. (…).

SUPUESTO N.º 5

Supuesto sobre almacenamiento del material

Bruno G. trabaja como ordenanza en unas dependencias del Ayuntamiento de Colópolis, donde se almacena abundante material, herramientas y aparejos propiedad de la entidad local.

Bruno es el encargado de gestionar el almacén, recepcionando todo el material que llega, registrarlo y ubicarlo; así como, controlar las salidas que se producen en el almacén.

Para elevar pesos, el almacén cuenta con una polea amarrada a un elemento rígido en vuelo inclinado u horizontal, cuyo otro extremo está anclado a la base. El almacén cuenta también con una transpaleta manual, una transpaleta autopropulsada y una carretilla elevadora retráctil.

Además de las estanterías correspondientes para el almacenaje de los productos, el almacén cuenta también con un armario para el almacenamiento de sustancias inflamables.

En lo que va de mañana, el almacén ha tenido los siguientes movimientos:

1º. A las 9,10; Personal del Servicio de Fiestas Locales, debidamente acreditado, viene a por las cajas que contienen las bombillas del alumbrado del recinto ferial.

2º. A las 9,50; unos operarios de Mantenimiento vienen a devolver unas herramientas que recogieron hace una semana para la realización de unos trabajos en la vía pública. Entre los objetos hay un espejo de tráfico utilizado eventualmente en algunos cruces provisionales con ocasión de obras en la calzada. Para guardar el espejo de tráfico, ante la falta del contenedor original, Bruno opta por guardarlo en una caja dura de cartón que tiene las medidas adecuadas.

3º. A las 10,25; una empresa de transportes entrega un contenedor con material adquirido por el Ayuntamiento para unas jornadas que se celebrarán próximamente en el Aula de Cultura. El contenedor, que viene sobre un palé (europalé), pesa unos 120 kg.

Cuestiones

1. ¿Cuál es el peso máximo recomendado que deben tener las cajas de bombillas, para su manipulación por el Operario, suponiendo que se trata de una tarea esporádica, en condiciones seguras, y que Bruno es un trabajador sano y entrenado físicamente?

a) 20 kilos.
b) 30 kilos.
c) 40 kilos.
d) 50 kilos.

2. Por regla general, el peso máximo que se recomienda no sobrepasar (en condiciones ideales de manipulación) es de:

a) 20 kilos.
b) 25 kilos.
c) 30 kilos.
d) 35 kilos.

3. Supongamos que Bruno, un trabajador sano y entrenado físicamente, ha de coger la carga en peso, a la altura de media pierna con los brazos extendidos; el peso teórico recomendado que podría manejar no debería superar:

a) 12 x 0,6= 7,2 kilos.
b) 20 kilos.
c) 20 x 1,6= 32 kilos.
d) 8 x 1,6= 12,8 kilos.

4. ¿A cuál de las siguientes alturas se puede soportar un peso mayor con los brazos doblados?

a) A la altura del hombro.
b) A la altura de los nudillos.
c) A la altura de la cabeza.
d) A la altura del codo.

5. ¿Cuál es la anchura máxima recomendada de la carga?

a) Unos 30 cm.
b) Unos 45 cm.
c) Unos 60 cm.
d) Unos 90 cm.

6. ¿Cuál es el rango de temperaturas recomendado en locales interiores para trabajos ligeros?

a) Entre 14° y 25 °C.
b) Entre 10° y 20 °C.
c) Entre 20° y 30 °C.
d) Entre 15° y 20 °C.

7. La profundidad de la carga no debe superar:

a) Los 50 cm.
b) Los 75 cm.
c) Los 90 cm.
d) Los 120 cm.

8. Para asegurar el espejo en la caja de cartón, Bruno utiliza relleno de pórex; ¿en qué consiste este protector?

a) En planchas de cartón compacto.
b) En finas láminas de espuma de polietileno.
c) En unas bolitas o "S" de pequeño tamaño.
d) En un colchón amortiguador que se adapta al contorno del producto.

9. El almacén cuenta con una polea de tipo:

a) Cabria.
b) Garrucha.
c) Polipasto.
d) Torno.

10. Si la carretilla con la que cuenta el almacén es una carretilla de pantógrafo, estamos refiriéndonos a una carretilla:

a) De mástil retráctil.
b) Elevadora contrapesada.
c) Transelevadora.
d) De horquillas retráctiles.

11. ¿Cómo se llama el almacenamiento de los productos sueltos, es decir, de aquellos que no están estructurados en forma de unidades de carga?

a) Almacenamiento a granel.
b) Almacenamiento desordenado.
c) Almacenamiento en bloque.
d) Almacenamiento ordenado.

12. ¿Cómo se denomina la tarea de almacén consistente en partir de una lista de artículos y ubicaciones en las que se encuentran, recogiendo las unidades que especifica la lista para conformar los pedidos?

a) Gestión de stock.
b) Picking.
c) Embalaje.
d) Bloqueo.

13. ¿Cuál es la anchura mínima de los pasillos peatonales ubicados en las vías de circulación de carretillas elevadoras retráctiles?

a) 1 metro.
b) 1,50 metros.
c) 2 metros.
d) 3 metros.

14. La altura máxima de carga sobre palé debe ser de:

a) 1 metro.
b) 1,5 metros.
c) 3 metros.
d) 5 metros.

15. En el almacenamiento de materiales rígidos lineales, no debe superarse una altura de (máximo):

a) 2 metros.
b) 4 metros.
c) 6 metros.
d) 10 metros.

16. ¿Qué tipo de almacenamiento ha de utilizar Bruno para llenar el almacén al 100%?

a) Almacenamiento ordenado.
b) Almacenamiento desordenado.
c) Almacenamiento a granel.
d) Almacenamiento en bloque.

17. Para el apilamiento de botellas sobre un palet, Bruno las colocará por pisos separando unos de otros con unas planchas de cartón compacto llamadas:

a) Intercaladores.
b) Tambores.
c) Nidos de abeja.
d) Prensas.

18. ¿Cuáles son las medidas del europalet?

a) 1200 mm x 1200 mm.
b) 600 mm x 1400 mm.
c) 1000 mm x 1000 mm.
d) 800 mm x 1200 mm.

19. En el almacenamiento mediante paletizado, ¿cuál es la carga máxima conjunta recomendada?

a) 300 kg.
b) 450 kg.
c) 600 kg.
d) 700 kg.

20. ¿Cuál es el límite de carga manipulada de forma manual acumulada diariamente por Bruno en un turno de 8 horas, suponiendo que los trayectos son superiores a los 10 metros?

a) 5.000 kg.
b) 6.000 kg.
c) 1.500 kg.
d) 10.000 kg.

Solución al supuesto n.º 5

1. c) 40 kilos.

Por regla general, el peso máximo que se recomienda no sobrepasar (en condiciones ideales de manipulación) es de 25 kg.

En circunstancias especiales, trabajadores sanos y entrenados físicamente podrían manipular cargas de hasta 40 kg, siempre que la tarea se realice de forma esporádica y en condiciones seguras. (Se multiplica el peso general 25 x 1,6).

2. b) 25 kilos.

Por regla general, el peso máximo que se recomienda no sobrepasar (en condiciones ideales de manipulación) es de 25 kg.

3. d) 8 x 1,6= 12,8 kilos.

El peso teórico recomendado que se podría manejar en función de la posición de la carga con respecto al cuerpo se indica en la siguiente imagen. Para mujeres, trabajadores jóvenes o mayores multiplicaremos los pesos recomendados por 0,6. Esporádicamente, para trabajadores sanos y entrenados físicamente, se multiplicará por 1,6.

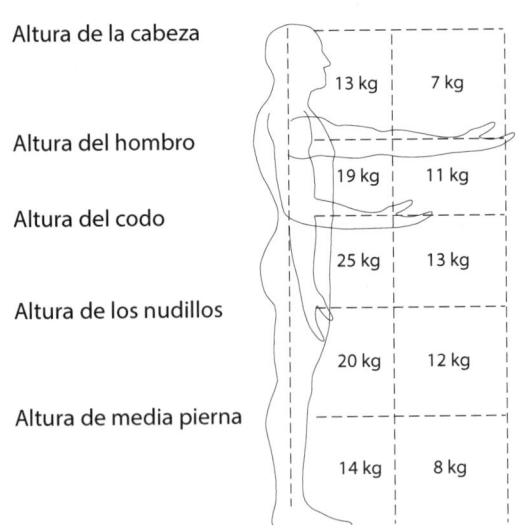

Altura de la cabeza	13 kg	7 kg
Altura del hombro	19 kg	11 kg
Altura del codo	25 kg	13 kg
Altura de los nudillos	20 kg	12 kg
Altura de media pierna	14 kg	8 kg

4. d) A la altura del codo.

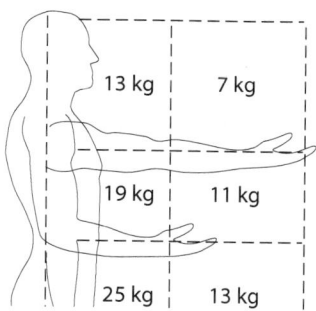

Altura de la cabeza

13 kg   7 kg

Altura del hombro

19 kg   11 kg

Altura del codo

25 kg   13 kg

5. c) Unos 60 cm.

Es conveniente que la anchura de la carga no supere la anchura de los hombros (60 cm aproximadamente).

6. a) Entre 14° y 25 °C.

Se recomienda que en locales interiores el rango de temperaturas para trabajos ligeros se encuentre entre 14° y 25 °C.

7. a) Los 50 cm.

La profundidad de la carga no debería superar los 50 cm, aunque es recomendable que no supere los 35 cm. El riesgo se incrementará si se superan los valores en más de una dimensión y si el objeto no proporciona agarres convenientes.

8. c) En unas bolitas o "S" de pequeño tamaño.

Material en forma de bolitas o "S" de pequeño tamaño que se utiliza para rellenar las cajas y proteger así su contenido.

9. b) Garrucha.

Las poleas son elementos de transmisión de una fuerza. Pueden ser simples o compuestas, cuando se utilizan varias.

Las **poleas simples** se emplean para elevar pesos y constan de una rueda por la que pasa una cuerda. El mecanismo es muy sencillo, se cuelga el peso en un extremo de la cuerda y se tira del otro extremo para levantar el peso. Las poleas simples pueden ser fijas y móviles.

Ejemplos de sistemas con poleas simples fijas son la garrucha y la cabria, ambas compuestas por una polea que en el caso de la **garrucha** se encuentra amarrada a un elemento rígido en vuelo inclinado u horizontal, cuyo otro extremo está contrapesado o anclado a la base. En el caso de la **cabria,** la polea se encuentra suspendida en el punto de unión de tres puntales inclinados formando un trípode.

10. d) De horquillas retráctiles.

En las carretillas de horquillas retráctiles, también conocidas con el nombre de carretillas de pantógrafo, las horquillas van montadas sobre un tablero que está unido a una especie de pantógrafo, que puede ser simple o doble, el cual, mediante uno o varios cilindros hidráulicos, casi nunca más de dos, produce la extensión de las horquillas y por ende de la carga.

11. a) Almacenamiento a granel.

El almacenamiento a granel es el almacenamiento de los productos sueltos, es decir, de aquellos que no están estructurados en forma de unidades de carga.

Estos productos se almacenan formando montones o rimeras, bien adosados a paredes o bien en el centro de un almacén. Los tipos de almacenes utilizados pueden ser:

– Al aire libre.

– Cubiertos.

La elección de uno u otro tipo de almacén depende exclusivamente de las características del material a almacenar y de su capacidad de resistencia ante los efectos climatológicos.

12. b) Picking.

El picking consiste en seleccionar y extraer de sus lugares de almacenaje los productos que han sido demandados por los clientes.

13. a) 1 metro.

Las carretillas elevadoras retráctiles se caracterizan por necesitar un pasillo de maniobra inferior, en aproximadamente un metro, que las carretillas contrapesadas de igual capacidad de carga.

14. b) 1,5 metros.

En el almacenamiento mediante paletizado se suelen hacer con las siguientes consideraciones:

– La carga no debe superar la resistencia y el perímetro del palé.

– La altura máxima de carga sobre palé debe ser de 1,5 metros.

15. c) 6 metros.

En el almacenamiento de materiales rígidos lineales, se suelen hacer con las siguientes consideraciones:

– Con entibado y sujeción con soportes.

– En pavimento firme y resistente.

– A una altura máxima de 6 metros.

16. d) Almacenamiento en bloque.

El almacenamiento en bloque es el único sistema que permite un llenado al 100 % de un almacén es el del almacenamiento en bloque; en este sistema las mercancías se apilan unas junto a otras, sin dejar espacios intermedios y sin mayor orden aparente que el de llegada de las mismas.

17. a) Intercaladores.

Los intercaladores son planchas de cartón compacto que permiten el apilamiento de botellas. Las botellas dispuestas sobre un palé se pueden colocar por pisos separando unos de otros con intercaladores.

Esto facilita el equilibrio de las botellas, y evita su caída o vuelco.

18. d) 800 mm x 1200 mm.

La medida más corriente para la plataforma del palé es de 800 x 1200 mm para todos los productos de gran consumo. El europalé o palé europeo estándar es un tipo específico de palé con estas medidas anteriormente descritas.

19. d) 700 kg.

En el almacenamiento mediante paletizado se suelen hacer con las siguientes consideraciones:

- La carga no debe superar la resistencia y el perímetro del palé.
- La altura máxima de carga sobre palé debe ser de 1,5 metros.
- La carga máxima conjunta recomendada debe ser de 700 kg.

20. b) 6.000 kg.

Los límites de carga acumulada diariamente en un turno de 8 horas, en función de la distancia de transporte, no deben superar los de la siguiente tabla:

Distancia de transporte (metros)	Kg/día transportados (máximo)
Hasta 10 metros	10.000 kg
Más de 10 metros	6.000 kg

Supuesto sobre Plan de Autoprotección

Edelmiro es un funcionario de una Diputación Provincial; su puesto de trabajo está ubicado en la quinta planta del edificio donde esta tiene su sede, que tiene un total de once plantas.

La capacidad estimada del edificio es de unas 1.200 personas.

Edelmiro forma parte del Equipo de Primera Intervención junto con otro compañero que trabaja en la segunda planta del mismo edificio.

El Jefe entrega a Edelmiro un Plano del edificio, donde se representan todas las señalizaciones e instalaciones de evacuación y protección contra incendios con que cuenta el edificio, para que compruebe que todas se encuentran perfectamente visibles, correctamente instaladas y en buen estado.

Cuestiones

1. ¿Es aplicable la *Norma Básica de Autoprotección de los centros, establecimiento y dependencias dedicados a actividades que puedan dar origen a situaciones de emergencia* al edificio en que trabaja Edelmiro?

a) Sí, porque se trata de un edificio público.
b) Sí, porque la altura de evacuación del edificio es superior a 28 metros.
c) No, porque dispone de una ocupación inferior a 2.000 personas.
d) No, porque la altura de evacuación del edificio es inferior a 40 metros, aunque su ocupación sea superior a 1.000 personas.

2. ¿Quién es el responsable en el edificio donde trabaja Edelmiro de activar el Plan de Actuación en Emergencias?

a) El Presidente de la Corporación.
b) Un miembro del Equipo de Alarma y Evacuación.
c) El Director del Plan de Actuación en Emergencias.
d) El Jefe de Intervención.

3. ¿En qué capítulo del Plan de Autoprotección se contiene el Plan de Actuación ante Emergencias?

a) Capítulo 1.
b) Capítulo 2.
c) Capítulo 4.
d) Capítulo 6.

4. ¿Con qué periodicidad máxima se ha de revisar el Plan de Autoprotección?

a) Una vez al año.
b) Cada 3 años.
c) Cada 5 años.
d) Cada 10 años.

5. ¿En qué capítulo del Plan de Autoprotección se hace figurar la identificación de los titulares y el emplazamiento de la actividad?

a) Capítulo 1.
b) Capítulo 2.
c) Capítulo 5.
d) Capítulo 9.

6. ¿Cómo se denomina al aviso o señal por la que se informa a las personas para que sigan instrucciones específicas ante una situación de emergencia?

a) Alerta.
b) Peligro.
c) Alarma.
d) Riesgo.

7. Si se diera una situación que para ser dominada requiriese la actuación de equipos especiales del sector, no siendo previsible que afectara a sectores colindantes, Edelmiro sabría que está ante una situación:

a) De preemergencia.
b) De conato de emergencia.
c) De emergencia general.
d) De emergencia parcial.

8. Si Edelmiro tuviese que avisar de forma rápida a los equipos de emergencia del propio establecimiento e informar al resto de los equipos y solicitar en su caso ayudas de intervención externa ante una situación de emergencia, estaría dando una:

a) Alarma.
b) Alerta.

c) Señal de socorro.
d) Orden de evacuación.

9. El refugio en una dependencia del edificio ante un riesgo exterior o interior que desaconseje la evacuación, se denomina:

a) Encierro.
b) Preevacuación.
c) Confinamiento.
d) Retirada parcial.

10. Como miembro del Equipo de Primera Intervención, Edelmiro deberá:

a) Establecer la situación de emergencia en función del nivel de gravedad.
b) Valorar la emergencia.
c) Acudir al lugar donde se ha producido la emergencia con objeto de controlarla.
d) Asumir la dirección y coordinación de los equipos de emergencia en el lugar del accidente.

11. Es una función de Edelmiro, como miembro del Equipo de Primera Intervención:

a) Señalar las anomalías que se produzcan en los sistemas de protección encomendados y conseguir su rápida reparación.
b) Proponer periódicamente, y en su caso, organizar los simulacros de emergencia.
c) Conducir ordenadamente la evacuación de la planta o zona asignada y abandonarla, previa comprobación de que no queda nadie atrapado o lesionado.
d) Controlar el traslado de las personas afectadas prestando los primeros auxilios a los accidentados con los medios disponibles en ese momento.

12. Edelmiro comprobará que las señales de salida de emergencia, cuando la distancia de observación esté comprendida entre 20 y 30 metros, tienen el siguiente tamaño:

a) 21 x 21 cm.
b) 42 x 42 cm.
c) 30 x 30 cm.
d) 59,4 x 59,4 cm.

13. Edelmiro comprobará que se dispone de señales indicativas de los recorridos de evacuación, visibles desde todo origen de evacuación desde el que no se perciban directamente las salidas o sus señales indicativas y en particular, frente a toda salida de un recinto que acceda lateralmente a un pasillo, si el recinto tuviera una ocupación mayor de:

a) 30 personas.
b) 50 personas.
c) 70 personas.
d) 100 personas.

14. Los pulsadores de alarma deben estar situados de modo que la distancia máxima a recorrer, desde cualquier punto hasta alcanzar un pulsador, no supere los:

a) 10 metros.
b) 25 metros.
c) 40 metros.
d) 50 metros.

15. La señal del sistema de comunicación de alarma debe ser, además de audible, visible cuando el nivel de ruido donde deba ser percibida supere los:

a) 40 decibelios.
b) 60 decibelios.
c) 80 decibelios.
d) 100 decibelios.

16. Edelmiro debe comprobar que la parte superior de los extintores instalados no supera una altura de:

a) 1,20 metros sobre el suelo.
b) 1,50 metros sobre el suelo.
c) 1,70 metros sobre el suelo.
d) 1,90 metros sobre el suelo.

17. La distancia de separación máxima entre cada boca de incendio equipada (BIE) con manguera semirrígida o manguera plana y su más cercana será de:

a) 25 metros.
b) 30 metros.
c) 40 metros.
d) 50 metros.

18. En condiciones normales de funcionamiento, el peso de un extintor de incendio portátil será igual o inferior a:

a) 10 kilos.
b) 20 kilos.
c) 25 kilos.
d) 30 kilos.

19. La distribución de los extintores será tal que el recorrido máximo horizontal, desde cualquier punto del sector de incendio, que deba ser considerado origen de evacuación, hasta el extintor, no supere:

a) Los 10 metros.
b) Los 15 metros.
c) Los 25 metros.
d) Los 50 metros.

20. ¿Cuál de los siguientes sistemas para el control de humos y de calor se recomienda en aparcamientos?

a) Sistema de flotabilidad de los gases calientes.
b) Sistema presurización diferencial.
c) Sistema de ventilación horizontal.
d) Sistema de extracción de humos.

21. ¿Para qué clase de fuego son óptimos los siguientes extintores?

EXTINTOR	CLASES DE FUEGO
Espuma	
Agua chorro	
Polvo	
CO_2	
Agua pulverizada	

22. Relaciona cada parte del extintor con el número correspondiente:

PARTES DEL EXTINTOR	NÚMERO
Tubo sifón	1
Manómetro	2
Palanca de activación	3
Agente extintor	4
Base	5
Manija de transporte	6
Recipiente	7
Presurizante	8
Manguera	9

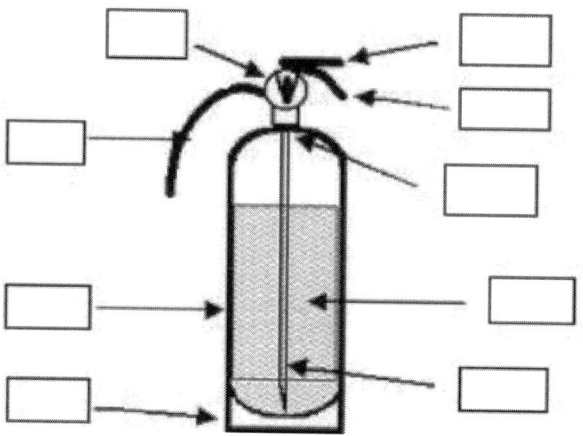

Solución al supuesto n.º 6

1. b) Sí, porque la altura de evacuación del edificio es superior a 28 metros.

La Norma Básica de Autoprotección será de aplicación a todas aquellas actividades, centros, establecimientos, espacios, instalaciones y dependencias recogidos en su anexo I que puedan resultar afectadas por situaciones de emergencia. Dicho anexo I realiza una clasificación de actividades. Respecto a las actividades desarrolladas en centros, establecimientos, espacios, instalaciones o dependencias o medios análogos que reúnan alguna de las siguientes características, señala que:

Todos aquellos edificios que alberguen actividades comerciales, administrativas, de prestación de servicios, o de cualquier otro tipo, siempre que la altura de evacuación del edificio sea igual o superior a 28 m, o bien dispongan de una ocupación igual o superior a 2.000 personas.

Entendemos que 11 plantas superan la altura de los 28 metros que indica el Anexo.

2. c) El Director del Plan de Actuación en Emergencias.

El Director del Plan de Actuación en Emergencias será responsable de activar dicho plan de acuerdo con lo establecido en el mismo, declarando la correspondiente situación de emergencia, notificando a las autoridades competentes de Protección Civil, informando al personal, y adoptando las acciones inmediatas para reducir las consecuencias del accidente o suceso.

3. d) Capítulo 6.

El Capítulo 6 se denomina Plan de Actuación ante Emergencias y establece que deben definirse las acciones a desarrollar para el control inicial de las emergencias, garantizándose la alarma, la evacuación y el socorro. Comprenderá:

6.1. Identificación y clasificación de las emergencias:

6.2. Procedimientos de actuación ante emergencias:

6.3. Identificación y funciones de las personas y equipos que llevarán a cabo los procedimientos de actuación en emergencias.

6.4. Identificación del Responsable de la puesta en marcha del Plan de Actuación ante Emergencias.

4. b) Cada 3 años.

El Plan de Autoprotección tendrá vigencia indeterminada; se mantendrá adecuadamente actualizado, y se revisará, al menos, con una periodicidad no superior a tres años.

5. a) Capítulo 1.

Concretamente, el Capítulo 1. Identificación de los titulares y del emplazamiento de la actividad, comprende:

1.1. Dirección Postal del emplazamiento de la actividad. Denominación de la actividad, nombre y/o marca. Teléfono y Fax.

1.2. Identificación de los titulares de la actividad. Nombre y/o Razón Social. Dirección Postal, Teléfono y Fax.

1.3. Nombre del Director del Plan de Autoprotección y del Director o Directora del plan de actuación en emergencia, caso de ser distintos. Dirección Postal, Teléfono y Fax.

6. c) Alarma.

Los conceptos y términos fundamentales utilizados en la Norma Básica de Autoprotección de los centros, establecimientos y dependencias, dedicados a actividades que puedan dar origen a situaciones de emergencia, deben entenderse así definidos:

(…)

Alarma: aviso o señal por la que se informa a las personas para que sigan instrucciones específicas ante una situación de emergencia.

7. d) De emergencia parcial.

Las emergencias se pueden clasificar en función de la gravedad de la situación, pudiendo ser situaciones sucesivas.

La Emergencia parcial, es aquella situación que para ser dominada, requiere la actuación de equipos especiales del sector. No es previsible que afecte a sectores colindantes. Se producirá la evacuación de la zona afectada, fuera del inmueble o a otro sector (o el confinamiento).

8. b) Alerta.

Se define la alerta como situación declarada con el fin de tomar precauciones específicas debido a la probable y cercana ocurrencia de un suceso o accidente.

La alerta consiste en avisar de la forma más rápida a los equipos de emergencia del propio establecimiento e informar al resto de los equipos y solicitar en su caso ayudas de intervención externa, cuando se produce una emergencia.

9. c) Confinamiento.

Los conceptos y términos fundamentales utilizados en la Norma Básica de Autoprotección de los centros, establecimientos y dependencias, dedicados a actividades que puedan dar origen a situaciones de emergencia, deben entenderse así definidos:

(…)

Confinamiento: medida de protección de las personas, tras un accidente, que consiste en permanecer dentro de un espacio interior protegido y aislado del exterior.

10. c) Acudir al lugar donde se ha producido la emergencia con objeto de controlarla.

El Equipo de Primera Intervención (EPI) tiene como misión acudir al lugar donde se ha producido la emergencia con objeto de controlarla. Sus componentes son aquellos, de entre el personal del establecimiento, que deben tener una formación y el adiestramiento adecuado. Es necesario que su composición sea, como mínimo, de dos personas.

11. a) Señalar las anomalías que se produzcan en los sistemas de protección encomendados y conseguir su rápida reparación.

El Equipo de Primera Intervención (EPI) tiene las siguientes funciones:

- Deben conocer los riesgos específicos del inmueble y particulares de cada planta o sector debidamente clasificados, por el uso y actividad desarrollada, así como los riesgos externos que puedan afectarle.

- Deben conocer las dotaciones y ámbitos de aplicación de los medios de Autoprotección disponibles en el inmueble y los asignados en cada zona.

- Señalar las anomalías que se produzcan en los sistemas de protección encomendados (detección, alarma, extinción y evacuación) y conseguir su rápida reparación.

- Combatir los riesgos desde su descubrimiento con los medios disponibles en el inmueble y, una vez hayan transmitido la alarma, aplicar las consignas del Plan de Autoprotección.

- Evitar la propagación del riesgo cerrando puertas y ventanas y alejando o enfriando los productos inflamables y combustibles próximos al foco de incendio.

- Seguir las instrucciones de sus superiores y de cualquier otra persona cualificada dentro de este Plan de Autoprotección (Bomberos, etc.).

12. d) 59,4 x 59,4 cm.

Se trata de unas recomendaciones en cuanto a la señalización de los medios de evacuación, según las cuales se establece que el tamaño de las señales será:

a) 210 x 210 mm cuando la distancia de observación de la señal no exceda de 10 m.

b) 420 x 420 mm cuando la distancia de observación esté comprendida entre 10 y 20 m.

c) 594 x 594 mm cuando la distancia de observación esté comprendida entre 20 y 30 m.

13. d) 100 personas.

Se trata de unas recomendaciones en cuanto a la señalización de los medios de evacuación que establecen, entre otras medidas, que deben disponerse señales indicativas de dirección de los recorridos, visibles desde todo origen de evacuación desde el que no se perciban directamente las salidas o sus señales indicativas y en particular, frente a toda salida de un recinto con ocupación mayor de 100 personas que acceda lateralmente a un pasillo.

14. b) 25 metros.

Los aparatos, equipos y sistemas, así como sus partes o componentes, y la instalación de los mismos, deben reunir una serie de características, y referidos a los sistemas manuales de alarma de incendios, podemos señalar que los sistemas manuales de alarma de incendio estarán constituidos por un conjunto de pulsadores que permitirán provocar voluntariamente y transmitir una señal a una central de control y señalización permanentemente vigilada, de tal forma que sea fácilmente identificable la zona en que ha sido activado el pulsador.

Las fuentes de alimentación del sistema manual de pulsadores de alarma, sus características y especificaciones deberán cumplir idénticos requisitos que las fuentes de alimentación de los sistemas automáticos de detección, pudiendo ser la fuente secundaria común a ambos sistemas.

Los pulsadores de alarma se situarán de modo que la distancia máxima a recorrer, desde cualquier punto que deba ser considerado como origen de evacuación, hasta alcanzar un pulsador, no supere los 25 metros.

15. b) 60 decibelios.

Tanto el nivel sonoro, como el óptico de los dispositivos acústicos de alarma de incendio y de los dispositivos visuales (incorporados cuando así lo exija otra legislación aplicable o cuando el nivel de ruido donde deba ser percibida supere los 60 dB(A), o cuando los ocupantes habituales del edificio/establecimiento sean personas sordas o sea probable que lleven protección auditiva), serán tales que permitirán que sean percibidos en el ámbito de cada sector de detección de incendio donde estén instalados.

16. a) 1,20 metros sobre el suelo.

El emplazamiento de los extintores permitirá que sean fácilmente visibles y accesibles, estarán situados próximos a los puntos donde se estime mayor probabilidad de iniciarse el incendio, a ser posible, próximos a las salidas de evacuación y, preferentemente, sobre soportes fijados a paramentos verticales, de modo que la parte superior del extintor quede situada entre 80 cm y 120 cm sobre el suelo.

17. d) 50 metros.

Para las BIE con manguera semirrígida o manguera plana, la separación máxima entre cada BIE y su más cercana será de 50 m. La distancia desde cualquier punto del área protegida hasta la BIE más próxima no deberá exceder del radio de acción de la misma. Tanto la separación, como la distancia máxima y el radio de acción se medirán siguiendo recorridos de evacuación.

18. b) 20 kilos.

Los extintores de incendio portátiles están concebidos para que puedan ser llevados y utilizados a mano teniendo en condiciones de funcionamiento una masa igual o inferior a 20 kg.

19.b) Los 15 metros.

Su distribución será tal que el recorrido máximo horizontal, desde cualquier punto del sector de incendio, que deba ser considerado origen de evacuación, hasta el extintor, no supere 15 m.

20.d) Sistema de extracción de humos.

Los sistemas de control de calor y humos pueden adoptar cuatro principales estrategias para el movimiento de los gases de combustión: flotabilidad de los gases calientes (edificios de techo alto), presurización diferencial (vías de evacuación), ventilación horizontal (edificios de reducida esbeltez, como túneles o aparcamientos) y extracción de humos (en aparcamientos o tras la actuación de un sistema de supresión del incendio).

21.

EXTINTOR	CLASES DE FUEGO
Espuma	A, B y F
Agua chorro	A
Polvo	A, B, C y eléctricos
CO_2	A, B, C y eléctricos
Agua pulverizada	A y B

22.

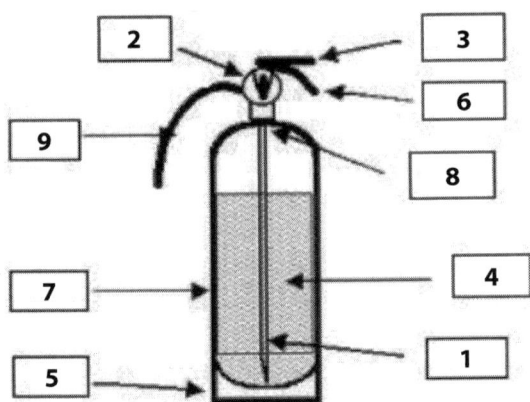

Cómo acceder al Curso

Ordenanza
Test del temario y supuestos prácticos

El uso de los códigos **es exclusivo de los compradores de los productos de Editorial MAD**. Cada producto posee un código único y de un solo uso. Es personal e intransferible y da acceso a servicios y contenidos adicionales. Editorial MAD se reserva el derecho de hacer cuantas comprobaciones sean necesarias para identificar al legítimo poseedor del código y dejar de dar servicio a quien haga uso fraudulento del mismo, además de emprender cuantas acciones legales estime oportunas según la legislación vigente.

Deberás acceder a:

mad.es/registro-campus

Si una vez aceptadas las condiciones de uso del Campus decides hacer uso del mismo, necesitarás del siguiente código de acceso junto con los códigos del resto de títulos que se exigen (si fuera el caso):

164EFANXM9